Creative
Puzzles word

SOPA DE LETRAS
En Inglés

VOLUMEN 2

Para adultos y niños 12+
60 JUEGOS- 1400 PALABRAS

TABLA DE CONTENIDO

Las reglas

Encuentra y tacha las palabras en la parte inferior de la cuadrícula que pueden ser posicionadas en las siguientes 8 direcciones:

De arriba a abajo
De abajo hacia arriba

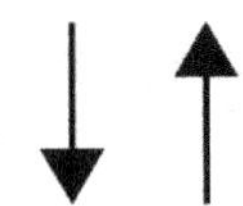

Las diagonales y
diagonales invertidas

De izquierda a derecha
y de derecha a izquierda

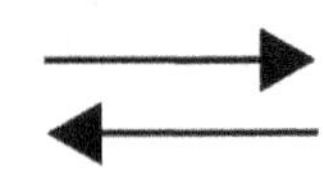

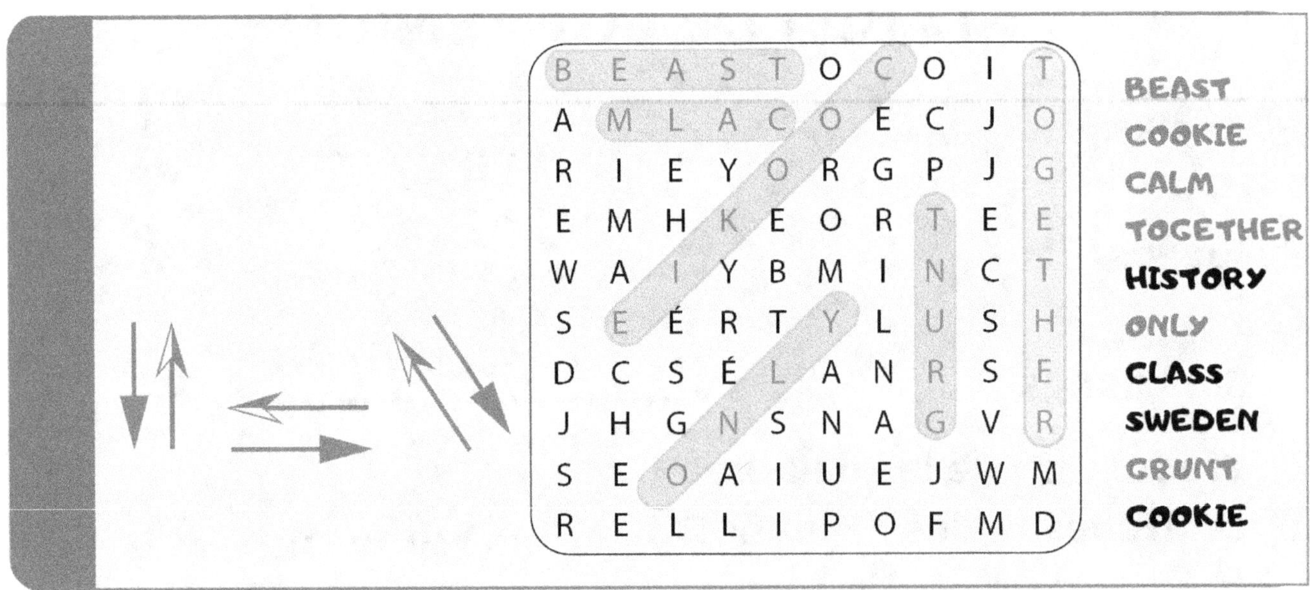

```
P T I K R Y Z P M A Q U I T C
G R G M O D E R N C X A R E Y
X I N W N U W O R G P G T G W
P S G M T O O I R E Z A Y A K
A L Z W F N U D T D B M Y L Z
L C L M L F E A S U E E T L B
G C H Q U S D R C N T R I I E
T D H M O I H N E C A J L V D
A S U L U P I V U N C H I E F
C L A Q P A E D Y K I J B H T
M T I E D M O V P H D B I W Z
E L F G L R R L L C E Z L Q X
O H R O P A S T S M D U L D F
L L O E S A C C U M U L A T E
U X K U D Y F Z C C I E F I M
```

ACCUMULATE	ANY	CHIEF
DEDICATE	DESOLATE	ENEMY
FALLIBILITY	GAME	GROW
INCUBATE	LEAST	LIQUIDATE
MODERN	NOON	ORDER
PAST	PRODUCT	RADIO
SOFT	VILLAGE	

```
S F U N R C E O J N B N C X Y
G F C A G T T O G T S H Z Y M
Z I R V R L D U X V I D C T F
Q F H L P T U G Y R O T S I H
K B Z M E N S T R U A T E Q F
X C A M Y T I N R E T A M Q E
K M B I J R S X P W A B N A K
H O M P B W C A S U S P E G Z
X J E E D I R S E P H X L H A
G G L E R K E Z I C E L I A B
W E A T S R I F L R N S M P E
C S D L W I D E C O W T H P H
N F Y T I U N I T N O C F E W
S I L L M Q S E T A G I V A N
P E Y W S E S N E S C U Y R C
```

APPEAR	CELEBRITY	CONTINUITY
EAST	EXERCISE	FEW
FIRST	HISTORY	LADY
MATERNITY	MENSTRUATE	MILE
NAVIGATE	NOTE	RIDE
SENSE	SHE	SWIM
TWO	WIDE	

```
V R P Y L E V I S S E R P X E
M T Z U T X F Z E G E R J R E
F R E A L I T Y Q G P X O S N
Y H R B N L R C N L T K C C N
O F S G G I N A U G U R A T E
I Z H B W I R I B O X L H O F
R K W I U H D M A R Q D S L Q
X Z O F Y K E P T P A U Y V E
X R A O E T S L O P R B I R D
D H S H I U I I O M F S W I M
A U R C P S G C R E V O C U G
P V X P S O N A G A I N S T G
R E O C L U A T Q N U I Q J E
T R K K E T T E X P C A Y T T
T E B P Y H E T A R T S U R F
```

AGAINST	BARBARITY	BAT
BIRD	BOX	COVER
DESIGNATE	EXCITE	EXPRESSIVELY
FRUSTRATE	IMPLICATE	INAUGURATE
KEPT	LOG	MUSIC
RANGE	REALITY	ROOT
SOUTH	SUPPORT	

```
O W J S I X T E E B B L Q C L
R W A S Q O M V O Y W B J A V
V E W F U H N R U T D O O L B
Z C L K U B L A Z E R O M V Q
G C Q A L L J Y T H G G T A I
N H W O B I W E B I P R P J B
O T C Z X O R X C H O N A C T
A K I V V M R P R T O N I L A
Y U E W I C O A O X I A R Y H
L X D N B Q S T T W N V L H T
Q U E G R E O R O E E G I Q T
C J Y C A F J I L L X R Q T U
L Y E T T U X A G I D L V A Y
G G J R E K Y T E N G A M O D
V P Q B Y N M E Y J O W U O Y
```

ACT	BLOCK	BLOOD
DETERMINE	ELABORATE	EXPATRIATE
EYE	LARGE	MAGNET
MORE	NATION	PAIR
PHRASE	POWER	SUBJECTIVITY
THAT	TOLD	TURN
VIBRATE	YOU	

```
G U M Y W K T P M J I C N F V
M O I A J Y K U H C F H X W B
I U U T W G O P H C U O X M S
Y S W H E G Q W D S I P X Q P
H E X W B L K P W O O H N R A
R T T X R A P N L R L H O Y Y
Y A S A Z Y N C E T E P T T N
O R J K P S P C A W E A I O P
V E T O P I U K V R B L C K B
J P C R G P C C E J I C E H C
D O E W E I V N H B E N E I S
M A B R A X E T A L U C O N I
D L A C E R A T E M L P N S N
Y T I N E M A R Q Z E E N O G
E D U L C N I Y S E Q Q B E N
```

ABILITY	AMENITY	BELL
BOTH	COPY	EMANCIPATE
INCLUDE	INOCULATE	KNEW
LACERATE	LEAVE	NOTICE
OPERATE	PROPER	REACH
RECUPERATE	SING	SPREAD
SUCH	VIEW	

```
Z F P D Z W F Z T P H D M H S
Q H S X T I I L V F R L G F R
N D P P Z J L L W R I F S A A
Y X W Y O V Y C E G O D T K B
X T T F R L O G H W S A I A N
O I I P F M U T N E K A M I I
C F U R P L N I A L P R U O P
C X U A A U G U G L O V L G H
Y R R R S I X R E T R D A I S
R E I C A A L F B C T H T E O
E T O W N M G U E R N N E W R
Y B L U D R W O C C E O L F B
D Q H B A G P U C E K A G K F
A P L N Q C U D E C P F K Z W
C E D W H H K K D S G L D F W
```

BEGAN	BREAK	COMPARE
FLY	FRUIT	GAS
GRAND	LIGHT	MAKE
ONCE	OWN	PECULIARITY
PLAIN	PORT	REGULARITY
SAND	STIMULATE	SUN
WELL	YOUNG	

```
R A L Y U J Q W J Q G D G X L
Z D G X F O R M U L A T E D X
O Y T E I R A V S H A R P F M
Y I T S P Y W D U L F R D L V
P I S I P A E T A C I D E R P
Q M D Z U G R T L K V U A C U
B P E O G C U E A C H O O S E
G R A S S K S N A L T L I R D
P O G T H S I I B J I T O C S
H P I U T M M R M C G T P U E
B R Y Y O S T O H O U T N H M
M I S S U Z F B L K R T I E K
O E I W E T A X Y O C P A A V
E T A R O P R O C N I N L D P
Y Y R T S U D N I T Y D G M E
```

ANIMOSITY	AREA	CHOOSE
EGG	FORMULATE	GRASS
HEAD	IMPROPRIETY	INCORPORATE
INDUSTRY	LOUD	MEAN
PREDICATE	PROMISCUITY	SHARP
SURE	USUAL	VARIETY
VENTILATE	VOICE	

```
L R M Y D Y K T E Y W I F K G
D X O B U W T Q L G L T H N H
Z D N O R G W R G F R Q Y E Z
I B Y C X S P Z N F E R B N M
O F I J S B Y U A E D I S Q Y
M X R W N C W N I P B R S Z B
V L W C S Y T I R A L U P O P
O S I X A E T A T D S A C V M
J C O M E N B I M I T A T E F
Y H F N E L U R S P E E C H Q
K O B M D T I D E N T I T Y V
K O E V T D F Z R M E N I M A
U L C L A R I T Y Q B T M K Q
E R E P E A T S U D D E N L G
L A Z X V H I O B J E C T I F
```

A	BUY	CLARITY
COME	ELEMENT	HARD
IDEA	IDENTITY	IF
IMITATE	INTENSITY	MINE
OBJECT	POPULARITY	REPEAT
RULE	SCHOOL	SPEECH
SUDDEN	TRIANGLE	

```
A M E P D A U F M J G C M A W
H I N R L Q P P P U D X S T M
O L P C C A R E Y L L W V N H
F F X O K A O R O L O C L T D
N G A R I N S S Q E R A U Q S
B R A N C H P O B P D X N I O
R E E E O Z E N D S B N F S D
G W A R Y L R A B O U T E U H
G S D N S K I L I A S A R A T
S R S E I S T I A M P V T G G
N J D S T R Y T Q T A G I F L
H T Z Z E M M Y T Y O G L Z W
J O S S B T C J L Q A T I X D
J U E N O R M I T Y H A T N T
C D A Y L O N G E V I T Y B E
```

ABOUT	BRANCH	CARE
COLOR	CORNER	DAY
DESERT	ELSE	ENORMITY
FERTILITY	GREW	IMAGINE
LONGEVITY	PERSONALITY	PROSPERITY
RAIN	SAIL	SPELL
SQUARE	TOTAL	

U M R L S J I P B U L H B P T
N G Y T S P M R P D E F G D Y
T Z A B Z Q K F D E F Y K G S
U R O O M Z J M G R T N E S F
I B N N N V V S I P T U A H
J S B N N W W L I A R D G D
Q J L F I K X I V H M E A N T
G B R T M C B E W Z G V D I U
K E Q S F I N A L A R R P R P
E O C B S X K B R O K E G U K
Y Q K N D X K A U W R S V D Z
H Y E D J S H L H I H N T A W
N S T N J K Z L O A O O P O H
R G V R D Y G D P Z H Y S M P
X Y N Q B M M E B F X C E E K

AGE	BALL	BROKE
DAD	DURING	END
FINAL	HAVE	MAP
MEANT	PERIOD	PUT
RAIL	SENSIBILITY	SENT
SERVE	SHAPE	STOP
WHAT	WHOSE	

W N A G J T A E I T X H B B G
X R V I K G P B D C B L H T Q
A I Z O H W L O D I N B S B P
O I J M G D U U Z W S W O S I
H M E J M B M K T U I T R D X
S H S E L F T L R Z U U A H M
E H S E T S U M Q I I W O N L
R T E E M A R R A N G E J D T
F Y C E F R E P A T R I A T E
F D O A T Q I N X F K V K M Z
W O R H T E A O I W Z O D A V
L L P R I N T S Y L I M A F J
J E E R F P S Q U R E N I F R
I M R Z B L O Z L Y E D A B S
W O O Y C P C B M G N O K M V

ARRANGE	BAD	COST
DELINEATE	DISTANT	DOUBLE
FAMILY	FAR	FINE
FREE	FRESH	MEET
MELODY	MUST	PRINT
PROCESS	REPATRIATE	SELF
SHEET	THROW	

```
V O Z A L C M D V A J C M Z G
R F P F S T A T E D G W U G S
T T Q B U H E S R O H C S O Y
E L N K B G V E D Y F E E T D
I K Z P S I I B O S X F B B H
B H F J T E L L E C G F E N O
R M F D A W Y P K O L F X R E
J O L B N O T T O C O A M I U
P I J G C B I M Z R P I S V O
F N L N E S C M E S A C Z S D
H S X F U N A E U N T W D H T
Y R E Q U I R E A D I G K Y Q
T G M F U J O F J J B L Z K P
P P J V V T V A L U E P J B F
S V L V H K U F Q X T P C M C
```

BEFORE	BEST	CASE
CELL	CLASS	COTTON
DOG	FEET	HORSE
LINE	LIVE	OFFER
ONE	REQUIRE	STATE
SUBSTANCE	VALUE	VORACITY
WEIGHT	WHY	

```
D Y B F O X L A N I Q O Z O B
W F E L I C I T Y B Y Y O N K
O S S E C C U S A G P A P V Y
R M S P O R K L E P T O X F T
S T S Y O E K B M P Y R S H I
S W H D I S S E M I N A T E L
J D P E S U T F J X N T G N A
K I W U Y S C E V D U A C L U
H V N N L C E R H G W F T G S
A I E T A I L O F X E Q J E N
W S S I D T C C I R T C E L E
O I M L I A V I V A C I T Y S
L O M N U T E T A C I R B U L
L N Y B E E S Y R A H G U A L
A T F H I O J E E T A U R Q N
```

ALLOW	CAT	CULMINATE
DISSEMINATE	DIVISION	ELECTRIC
EXFOLIATE	FELICITY	FEROCITY
LAUGH	LIST	LUBRICATE
POST	RESUSCITATE	RUB
SENSUALITY	SUCCESS	TINY
UNTIL	VIVACITY	

```
J I U Q R K V Q W A V O V E U
I R R I G A T E Y N R Q L M Y
O L M E T A M I N A C B C M T
V R L Y T M U F W O U H A R I
G E N E R A T E L O D I A D V
R G S L G H R L R E D Y W R I
F E V A G A A T T O E N N A T
T N W I B B L H S E M T X O C
F E S S O D M I K I K O S B U
K R G R N J V S T Q N H L F D
K A A J V A Z U Y O I V P O
Y T I L E D I F M E A G M U R
E E F F E C T L T C B U S D P
L Y V K J Q Y A U F J Q A T A
M Z Q Y I A K T Q G B G C G K
```

ADMINISTRATE	ANIMATE	ANSWER
BASE	BOARD	CHART
COLLABORATE	EFFECT	FIDELITY
FLAT	GENERATE	ILLEGALITY
IRRIGATE	JUMP	PRODUCTIVITY
REGENERATE	SHOE	SIGHT
STEEL	TROUBLE	

```
W J G U V H K Z Y L B Y R L G
C S V N P I L P K M T T D P J
R H K F P I U E H I B I M Z J
P S S O C R V V L O T L Y D B
F A Q R O E E A Q C Z I E E T
I I O M A V N M O Q F B G H V
Z S E A K I Q O U H E A R D R
S T H L F W J X D N S B A E S
M F I I H A I L L G E O H A A
U I O T Y Z N C L E A R C L M
J S B Y T I N A V L W P A B B
B M E T A R E P S A X E K T D
F A T H E R A S I C H U H O E
R L A N I G I R O S L R A E W
K L O T F Q N F N O I T A T S
```

CHARGE	CLEAR	CROSS
DONE	EXASPERATE	FATHER
FINALITY	FORMALITY	HEARD
LOT	ORIGINAL	PROBABILITY
REMUNERATE	SCALE	SMALL
STATION	TRUE	VANITY
WEAR	YEAR	

```
R U I E Y P T L T B B Z H J Q
P T I L S L S A E P W M V Y D
F I Z G F P H I T M I L Y T N
D Q S M E T A R A P E S C I K
H E M M T S E E T I X U R L K
R X E A Z C K T S E C H R I G
M E E Z S B S A A T W T W B D
N O A D M T H M V V X N X I K
Y O P R O D U C E S N M L S B
K R I R E L I K D V S A I S X
I X H T E V D E G J T N K O L
K T I P S P E R T E O G E P K
E R Y J V E A N I A T N O C U
W H A X V K U R Z H L F L E D
G M O M U B G Q E H T K I Y M
```

CONTAIN	DEVASTATE	DILATE
GET	GO	LED
LIKE	MARK	MATERIAL
NEVER	ONLY	PIETY
POSSIBILITY	PREPARE	PRODUCE
QUESTION	SEPARATE	TALK
THIRD	WRITE	

```
S Q E W I D X C X T P K P J U
Z H O L H E G I K B X X K X S
E H W C B A I L B N J M H T K
Y I Y M N E P R T N U O C N W
R O V M Q A V Y E W S R H E T
E L C X T D T Q N F N I K S T
E Y J E V I R R A H F G F E F
S D V V L E E Q U A L I T Y M
T A J A T L H C R U Q N D N B
N U C T T X T A E S S A B A A
K O E T D R E S S R H L F M D
L L E A L C H A N C E I X V B
F S E N I O W A R D L T H S V
G L A C U O V Y U K L Y P O F
B Q L T B O M E T A M I T S E
```

ARRIVE	BUILD	CHANCE
COUNT	DIFFER	DRAW
DRESS	EQUALITY	ESTIMATE
LEAD	LETTER	LOCALITY
LOVE	MANY	ORIGINALITY
SEAT	SETTLE	SHELL
SKIN	WHETHER	

```
F S K S R Q K K D G E L V R Y
W E F H F C I K N U L N F W T
Y Z R O L X A X X O N H Q Y I
X L R D Y B D R X C W E R E V
B W S J W U C V R E T C W T I
W E V B S G H W X A R O S E T
U A C A U R S H R N D A E D C
H C E I R A I E L I M S A H E
C K F A F V N L L N N T E L L
I D C W A I I U W F U B T K E
J V I V C T F C G I V E A O S
I C Q N E Y L E P N Y A L N I
K C I N Y O V L Q I W R O H D
U Q U X C F O O L T R T I M R
I J J K E T N M F Y X H V F D
```

BAND	CLOCK	COAST
DEAD	EARTH	FINISH
GIVE	GRAVITY	HAS
INCINERATE	INFINITY	MOLECULE
OCEAN	ROSE	SELECTIVITY
SMILE	SURFACE	TELL
VIOLATE	WERE	

D I S D L L K Z E O N Q P Z U
Z V U C I B M K V E T U P D G
P D Q B N P F R S F J J C O B
F G C M Z U N R T A Y O H Q L
I T P Z A Y O A P C B B P J A K
J W T D N E P S U R P R I S E
S J L U S T R A N G U L A T E
Y O G M N L S M I N D P U M R
D I Z E O U Q E T A G I M U F
D N M D S S J E N I H C U M O
C O E I R E J G I J D T U U R
M E Y C E R E W A F K U D L Z
P B P A P M D T P X I R A R W
G T R T Y T I R O I R E F N I
Q M U E T A C I L P U D V N E

DEEP	DUPLICATE	FOR
FUMIGATE	GUN	INFERIORITY
JOIN	MEDICATE	MIND
MOMENT	MUCH	OLD
PAINT	PERSON	PICTURE
RESULT	SAME	SPEND
STRANGULATE	SURPRISE	

```
S F D B D M K H B H Q U A R C
P M M H E T C Q G H K Z P N I
K G H V R Z C W V C U J V U O
E T A L U G N A I R T X R Q V
T T T L Z L X R U J C V I B S
A M T A U W C X E U E L B A T
T R W C N U Z Y Y P T Q V S A
I M T R L M K I K R O W C I F
S W P A U R O U N D R A L C N
S U T F Y T I U T E P R E P D
E E B I R Q N D N A B S V X H
C I D I H I P O C T U D E B B
E M P K T T Y I R A A S L D G
N Z R Y Z T T B C E N I G N E
P H P Z T Y R U T N E C N F V
```

BASIC	BED	CALL
CAPACITY	CAUSE	CENTURY
CIRCULATE	ENGINE	LEVEL
MOUNTAIN	NECESSITATE	NO
PERPETUITY	PROTECT	ROUND
TABLE	TRIANGULATE	TRIP
UNITY	WORK	

```
W R O C D A L P Q R P A S V W
O W K B L G T E R Y O I P V B
U T A G C K Q T M K S T A R T
G Y B L A V C L C N T R H O H
U A Y N R K U I M E E E R C I
L Z P S Q E U D T D R E E D N
S S S P P Q F A A A I T P Q K
Y D Q T H Z C R M L T F A O V
Z S V W K I T B I G Y U X I M
V F M A R N I O F G N R B W N
S E T B O G U U P D E R C E O
S V A L U U O Z E S M R S C R
P F K I V V A R Y J N F A Z C
R O T C O D Q T L Q P B V T E
Z Y G M Q Q M O A G A Z B S E
```

AMBIGUITY CERTAIN CRY
DOCTOR FABRICATE GLAD
MIX NOR OH
PERHAPS POSTERITY QUICK
REFRIGERATE SPOT START
THINK TRADE TREE
TUBE UNDER

```
Q M V Y D Y A P Z R L O S Y V
Q Z L T S V L H W U L W S B M
G Z X D J Y R R A C J R O A L
V J S S S T O M L C W K B P C
X S Z N K I A D Y O C T R S X
E H X L F L D I V E R S I T Y
Q Y Y O M A Q H H R E R E A P
X V R C U R R E N T D C T N X
R Q X A F O P M E T I N Y D C
K K C T O M B I V N B Y U H T
U Z Z E V O M T E A I Y C O E
N C M H G S I L E O L L O R P
Z R S C O N F O R M I T Y N Y
X V V I S I B I L I T Y B U G
E L S T A B I L I T Y G G H P
```

BY	CARRY	CONFORMITY
CREDIBILITY	CURRENT	DIVERSITY
EVEN	LAW	LOCATE
MORALITY	MOVE	OCCUR
POUND	ROAD	ROLL
SOBRIETY	STABILITY	STAND
TIME	VISIBILITY	

```
E K G E W A C W Y G A L H D K
J G N P Z M B R N Y N V O E M
H P W R D V O L A T I L I T Y
P E E L P M A X E I G H Z A X
M Y E T A I C N U N E D A R D
G L Z H I S H G U I T O K T M
L T I O G S I R K F A V N N R
K H S U Z K O P P F L E F E J
Y F Q S I U X P G A U V B C R
M H S A N G E R P E G S D N Q
F D R N B U R N R O A Q D O O
L J E D R O C E R P O H S C X
X A O M O U T H G W C Y D L P
R J E X A G G E R A T E E N S
R O X U D N A M O W T W R A J
```

AFFINITY — ANGER — BROAD
BURN — COAGULATE — CONCENTRATE
DENUNCIATE — DO — EAR
EXAGGERATE — EXAMPLE — NAME
OPPOSITE — OUT — RECORD
SHOP — SIZE — THOUSAND
VOLATILITY — WOMAN

```
U N H G R X R G Z V A V K M Z
G E H N G Y V V V V M U W R R S
I Y J N E T A T I L I C A F Y
Z H D D F I E L D X Y S A C W
D N D C N L I O I S T S G H E
N O U I A I D G E E I Z G R G
W S E U C B F P A F L Q R Y U
A A Q S Z I S D R J I T A A P
F E W V N S R E A D B N V O S
H R O U X S M R O F I E A K D
C J W U P E R V E R S I T Y Z
K N O F M C W F S I I T E G W
D N A B W C K O N G V O O Q J
Q I E M W A R Z D H N U K A A
S R E T T A M R B T I Q F H I
```

ACCESSIBILITY	AGGRAVATE	DIE
EQUAL	FACILITATE	FIELD
FIND	FORM	INVISIBILITY
JOB	MATTER	OIL
PERVERSITY	QUOTIENT	READ
REASON	REMEMBER	RIGHT
STEAD	WAR	

```
A C G M E N S B P E M C W Z Z
S B J J N Y T I L I R I V G E
X O Y T I M R O F N O C N U M
H Q F T H O A O P G V R N K O
H V O W C O I N S T I G A T E
G P F D A R G U P D N W S L H
D I Q E M Z H A B P E T S M I
B U G O S E T A T I D E M W O
O M P L K T W S B E B Z A Q M
R U Z M E O I H Z C H T P K X
N S Z R L O U V O E A L Y A M
S D N L J N N N I L C R Y P E
T M E N T A A W L T E U D R E
P Y V J C F X K W B Y A R D B
N N C M U H O T X V K R K O N
```

BE	CARD	FESTIVITY
HUNT	INSTIGATE	MACHINE
MAY	MEDITATE	PATTERN
PIECE	ROOM	STEP
STRAIGHT	TALL	TYPE
UNCONFORMITY	VIRILITY	WHOLE
YARD	YELLOW	

```
R V M J G R Y S W I D T A F F
E H R C Y R M G K T I M E H T
I J M W A Q O E B M K N O W U
K E F H N N L N M H S V C T R
T Q E F S Y K E B E A U T Y A
Y P E V H I N R S E S D U T D
Q F Q L Q S G O P R S B F I F
D C T Y I Y P S E G I B Q L C
M X R T M R Y I E A M H O I R
L T Y G R P R T D A I W J B F
E S S C K J Q Y Y L L I H I J
C R G Z C O N S O N A N T G T
D D G O E P O S O O T L N E A
D Y W F N V S O D X E O L L X
A T L N U W N D U Q D K Y T P
```

AGREE	ALL	ASK
ASSIMILATE	ATOM	BEAUTY
CONSONANT	COW	FLOW
GENEROSITY	HAD	HILL
IMMENSITY	KNOW	LEGIBILITY
NECK	POSE	SON
SPEED	THEM	

```
N X Z D L I D C Z Y N Z Q K W
D G R M P X C B K L M L N X Z
O D U D B C L O T H E W Y O L
H L N E P A R E N T Z X U W K
D X B T F S L O C V Z L O T E
M B V A Z T E S I B V C M I V
M V J I E I R Q Q T K E E P I
L Q O X N G U M P X S L R D Y
L L N Y U A G I T A T E E Y K
D C A H M T I N X N V B L T A
V T P P E E F U E A T R U C K
Q Y C S R W V T W E D A D B E
L I K A A B Z E V A B T A E H
J I H B T T R L X N L E P F M
E S E T E R N I T Y U K H V R
```

AGITATE	ASPHYXIATE	BEEN
CASTIGATE	CELEBRATE	CLOTHE
ENUMERATE	ETERNITY	FIGURE
HEAT	KEEP	LET
ME	MINUTE	PARENT
SHARE	TRUCK	VERY
WALK	WAVE	

P Y R E V E Y W V E K U K K N
L T E T A C I T S E M O D X W
V I I T L C O N T I N U E L Q
G M R E A T F M Z N V A E Z E
H I A C H N Y N P A S S P M R
P N T E E I I Q E E B O I M J
J A R I A T S M T Z N O R T H
J N V E V O A A A E D S K T W
S G U G Y M N R E T L X A M N
H A A H J I S D O O N V W T E
I M J N C F Q P W F C O E G E
C K U S Q W Z W W H R S C S Z
G R A D U A T E B F E E J P S
G F Y R M O T Q B O M R P F G
R W T J G Y R Z U D Q A E U D

CLEAN   COMPENSATE   CONTAMINATE

CONTINUE   DOMESTICATE   EVERY

FASCINATE   GRADUATE   HEAVY

HIS   MAGNANIMITY   MY

NEED   NORTH   OTHER

PASS   PERFORATE   SET

SLOW   WHERE

O	P	Q	J	A	S	J	D	K	P	D	D	D	D	E	R
U	R	E	T	T	E	B	H	R	W	A	S	S	S	M	T
N	E	W	D	L	I	W	S	D	U	I	L	B	B	V
E	D	O	E	A	D	O	B	S	X	F	C	C	M	V
F	O	Q	M	T	P	R	O	P	E	R	T	Y	K	Q
W	M	F	O	E	M	L	B	T	M	U	G	B	R	W
Z	I	Y	N	L	J	D	O	W	N	S	G	X	V	O
M	N	T	S	E	R	E	T	N	I	B	T	F	U	A
B	A	I	T	E	T	A	T	U	P	M	A	U	X	H
Q	T	L	R	T	C	H	S	L	Q	P	U	K	G	H
H	E	A	A	A	T	U	I	W	B	C	G	N	X	D
G	K	G	T	E	B	R	R	X	Q	A	I	Z	C	R
Q	N	E	E	R	X	E	A	I	M	H	A	B	X	D
Q	O	L	B	C	A	Y	I	Q	T	C	E	R	I	D
C	F	U	V	L	O	B	M	Y	S	Y	P	W	K	K

AMPUTATE	BETTER	CREATE
DEMONSTRATE	DIRECT	DOWN
GUESS	INTEREST	LATE
LEGALITY	OF	PREDOMINATE
PROPERTY	REAL	SECURITY
SYMBOL	THING	WILD
WOOD	WORLD	

```
V L P Y R D D K I Y S Z M L S
F R H M T T H I N D K M B E Q
T Z G V C I Y O S W N Z K D S
Q A N E J S L A W L O H P L B
X F S T X I A I O P O R E S T
Z N L L M V P O B P S C B V I
I E F V O K T F E A B N A J E
D X D S K L E D S A E L Q T I
U O A M E V E A Z V I L A U E
I J G E T M R H E D S C L B R
U S E G N I T S A Y I K T A A
Y L O A S S S T M D U B D Z M
S K W K E E E M N O I G E R N
X S M L L C A Y H P O I D Q Y
C E T A R T S E H C R O N K V
```

ARE	BROWN	BUT
DISLOCATE	HOPE	HOW
INSECT	IT	MALLEABILITY
ORCHESTRATE	REGION	REST
SEVEN	SO	STREET
SYNDICATE	THIN	TOOL
VALIDATE	VISIT	

H	U	M	E	P	W	N	Q	C	X	U	H	D	I	V
A	O	C	K	O	S	I	O	D	D	F	T	E	A	M
P	V	D	H	C	F	N	B	V	N	I	H	N	U	F
V	D	W	Z	M	T	R	J	A	E	A	E	I	O	L
N	B	R	E	I	Q	A	I	Z	O	T	L	G	T	O
O	O	X	N	C	N	J	M	V	A	L	O	R	I	W
H	F	E	M	S	Y	V	Q	G	E	L	F	A	Q	E
G	N	M	Y	K	S	T	E	G	D	R	N	T	N	R
T	O	B	U	O	E	R	I	N	T	H	W	E	N	T
J	N	Z	S	K	G	B	F	N	T	J	R	A	C	K
V	D	P	W	N	I	U	A	H	G	D	T	G	L	W
J	D	H	O	L	P	L	N	C	L	I	U	M	D	L
N	A	C	I	O	S	G	L	I	K	H	D	S	F	G
K	E	T	W	C	R	O	H	X	N	O	M	N	H	D
C	Y	U	Y	T	I	C	O	R	T	A	T	K	I	M

ATROCITY	BACK	CHILDREN
CONGREGATE	CONTINENT	DENIGRATE
FLOWER	FUN	GOLD
ILLEGIBILITY	INDIGNITY	INVENT
KILL	POOR	RIVER
TEAM	THE	TIE
WALL	WENT	

```
E Y K F L C T C C B P I S O M
F E C J E D Q K Y D H S A K H
N F W O O S C I L L A T E U W
N W N I N A C T I V I T Y F Q
M M M Q L Q P Z W I O Z C V I
J I Y B R O U G H T H O S X T
L Z D E L B A B O R P U N Q P
O V U H Q G N D M Q T G H S O
W Y T I R G E T N I F E W Z F
A X S N V E L O C I T Y E P B
S B L D X S V L G N I R P S O
L S I P F I W O N R B X X J H
O D E H M R E T K F P G V B Z
R C M L G F E Q N D W Q V P N
T N I O P Y K W X H S D A N Q
```

BEHIND   BLACK   BROUGHT
DID   EXPECT   FIG
INACTIVITY   INTEGRITY   LESS
OSCILLATE   OVER   POINT
PROBABLE   RISE   SPRING
STUDY   TERM   VELOCITY
WAS   WEEK

```
U N W X N J X L D J T X G N B
O J V U C R D I V I N I T Y R
E W W B I S I M P L I C I T Y
E R B N K Z O M S A Q R P V A
U D M I Q T X O B L I G A T E
Z S L G I K W R O W P D T N Q
K L I V U M W T D F M Y H C U
I D A Y N F Z A Y V K N U K I
G T A E T A I L I M U H G N T
E T G N X B R I F R W K N A E
N Q S I D C C T T A D O O R I
V B B H E G E Y O A V O U S E
M E Q S Q R K P K A L C Q L R
Z J L A P V N I T X E N M J D
O I U H B B D E B I L I T Y B
```

BODY	COOK	DEBILITY
DIVINITY	DOOR	EXCEPT
HE	HUMILIATE	IMMORTALITY
INNOVATE	MOTIVATE	NEXT
OBLIGATE	PATH	QUITE
SHINE	SIMPLICITY	SKILL
USE	WOULD	

P Y M T L I N H L G D C R Z T
E J G O D X M U D N S R U C J
B K L G T W H C V V Y W X C E Y
O R B E Q Y N V H N Z C D N Z
G O Y T I R A P S I D S F O C
H U B H E T A D I M I T N I K
P R T E M M A L A T W G S T Z
P G L R P E O H U N G B S I J
J A C Q R X Y H F C C W F D M
H X L B Y N L Z O Y I E W N W
Z R W P X R P U N T S T O O X
Y X S X A C N U H L J O R C W
O J D V E T I F O O E U D A E
T S M O R R E S Y R B F S V P
W K W Y A L V P M I G H T T A

BREAD   CONDITION   COUNTRY
DANCE   DISPARITY   GROUP
HOME   INTIMIDATE   JOY
JUST   LAY   LEFT
MIGHT   PALPATE   PARTICULAR
SIT   TOGETHER   WASH
WITH   WORD

```
U Q Y Q A F S A T V K D E Q C
N X G P P D U R A B I L I T Y
N B I W O J L A A P K B X P L
Y W X V D S K G P J S F R Y L
L C I F I F A N P A H O T T A
Q E T A R E B I L L F O L I I
L N A H T O H A E U X D P V C
W T E N U K E L N I A R T I E
H E Z V C G D D E C I D E T P
P R E H A B I L I T A T E A S
Y F Z E V T C E T G S Q L E E
V V S R Y Z T G A E H B C R D
P X Q M O D A L I T Y V R C C
G U O H Z Y T I T N E Y I G J
K T Z S P V E Y E P E J C U O
```

APPLE	CENTER	CIRCLE
CREATIVITY	DECIDE	DICTATE
DURABILITY	ENTITY	ESPECIALLY
FOOD	LEG	LIBERATE
MODALITY	PROFUNDITY	REHABILITATE
SEA	SOLVE	TEN
THAN	TRAIN	

```
E R W I V M S P R I I R K K L
N S J A B H E K P K C I R D O
K X I H T C R D U O L C F G N
W H N R E L A T I V I T Y M L
A X F I M T U P W O L B N W U
Z L I A I S A C I G C Q G N A
X Q L I G N S R I T Z R M I A
G Y T V I E C J O F A N I A Z
N F R M G G V A Y B F L M T R
I H A O M A R G P V O I E P Y
M L T S V T T O B A P R D A J
T H E T D E A H U V C V R C F
G C W P T W U S E N G I L O A
F F Y T H G I R B R D A T Z C
I Y P E E L O F W S S H F Y E
```

AIR   ANIMAL   AS
BLOW   BRIGHT   CAPITAL
CAPTAIN   CLOUD   CORROBORATE
DIFFICULT   FACE   GATHER
GROUND   HUGE   INCAPACITY
INFILTRATE   MEDIOCRITY   MOST
NEGATE   RELATIVITY

```
A N M B F I J G S S F Z Z B W
E B I R C S E D M R T Z G D E
R V N G V B S O D W I T Y J P
K S I V Y I H L M C A N L Y T
T V T U P C J L I Y I U G T S
F B I A U P Y A H P Y F Y I U
W W A O X P Y R G D F V G L B
T B T N E M I R E P X E L A J
S L E S U B S T A N T I A T E
O N P C G N O L D S L X K U C
K Y T I N U M M O C S V E R T
I O H E O E A W N Z L E W B S
C U I N R O J Y y S N I C O W
H R C C W R O W T O C I R E I
D V K E Y C R J G K G H T Y N
```

BRUTALITY	COMMUNITY	DESCRIBE
DOLLAR	DON'T	EXPERIMENT
GONE	INITIATE	LAKE
LONG	MAJOR	NECESSARY
SCIENCE	SLIP	SUBJECT
SUBSTANTIATE	THICK	TOUCH
WRONG	YOUR	

```
R  T  Q  A  U  W  U  G  I  H  E  E  L  S  I
A  B  A  K  S  E  J  F  E  M  H  F  F  D  L
H  B  B  D  F  G  S  Q  L  F  A  S  I  V  G
Y  K  N  Z  H  E  T  A  R  T  L  I  F  Z  A
Q  W  O  Y  R  Y  R  A  E  D  Z  Y  H  S  D
S  U  R  K  E  U  T  O  T  R  J  M  A  B  B
Z  Y  M  E  L  E  Y  I  B  B  C  D  K  L  I
K  C  A  P  R  A  C  Z  R  D  V  H  L  Y  N
A  F  L  N  N  Q  M  T  C  E  R  R  O  C  Z
M  H  I  R  T  W  M  A  R  E  V  D  U  C  K
S  T  T  L  Y  W  U  S  T  H  T  E  E  T  N
Y  U  Y  Z  C  G  I  Q  H  I  M  G  S  A  A
W  V  W  B  H  T  Y  T  I  N  I  R  T  O  B
L  T  Y  T  Y  X  P  O  S  A  H  E  R  C  H
G  J  O  E  Q  W  H  G  H  P  N  E  A  R  X
```

ABNORMALITY	ADVERSITY	BANK
CAUGHT	COAT	CORRECT
CREASE	DEGREE	DUCK
FILTRATE	FRATERNITY	GOT
HER	HIM	NEAR
PLURAL	SEVERITY	TEETH
THIS	TRINITY	

```
O M Z C Y A C Y O H I Y T T K
R F L C O M P A N Y U Z K O P
Z E E R I F C U M O Y M K N A
T N E I Q S O V H Z T F U J I
T X H Y T I L A I T R A P M I
E E W E T H Y C A U R W A Y P
K X N F L I E T A N I M I L E
R C I A A P R R I V P C H I J
A A A M C D I E O N G O W O U
M V H O T I I C C F U L W S Q
Q A Q U I V T T R N L M K K M
Y T D S V I H Y A P I Y M Y O
T E N O A D U J J W J S E I Y
X V L L T E S B Y F E E P G
J N Q Y E E O R T X H J Y O E
```

ACTIVATE

DIVIDE

EXCAVATE

HELP

MARKET

SKY

THUS

CENT

EITHER

FAMOUS

IMMUNITY

PAY

SOIL

WHEEL

COMPANY

ELIMINATE

FIRE

IMPARTIALITY

SINCERITY

TENACITY

```
R E G A O U L S Q V O R U Y W
Y T I L A U T C N U P V R Z M
G A B V V N B A J L X U D G R
H I O S M F K Q G V Q W F Q E
E C H X L C I P B K E A E A F
Q E T A V O N E R J V T M K B
M R X Y E T G Z L O A Q I G C
W P K P D P O S R P G D N E S
N E T J E D U F I A A C I R C
R D P S F R Z C P G I A N I O
U B C V W Y I B H E N W I W R
U S O K M T O E U A O K T E E
H M G T R A C K N T I B Y A W
G A Y A L P I W S C O R I A F
E L P M I S I N Y D E C H G M
```

AGAIN	CHAIR	DEPRECIATE
EXPERIENCE	FAIR	FAVOR
FEMININITY	MAIN	PAGE
PARTICIPATE	PLAY	PUNCTUALITY
RENOVATE	SCORE	SEND
SIMPLE	TOWN	TRACK
WAY	WIRE	

```
P J U H S T W S G S O S Y H S
X K S Y Z W J I Y P R A D U E
N C I R M X D T N K G V G R C
K E L A R E M U N T H G D R I
W H C T E R T S W M E O P Y T
O C C I R W E A H S J R V W C
T P R O X I M I T Y N Z U G A
V U M N O R D E T A G E L E R
H B O A J R J Y R T A A G P P
G L P L D A D R L W S B A N R
T I H I E K A I H S J V R T V
Q C K T P T Y V N O T H I N G
Q I D Y E E O V O A G U T F N
Q T B U N W D N Q F T F Y N T
Z Y C L D A L F E G F E A R C
```

CHECK	COORDINATE	DEPEND
FEAR	GLASS	HURRY
NARRATE	NOTHING	NUMERAL
POEM	PRACTICE	PROXIMITY
PUBLICITY	RATIONALITY	RELEGATE
STRETCH	SUGGEST	TONE
VULGARITY	WINTER	

```
S D H P F C J M Q X M B S G R
W O K Z T A N B O F R R M R A
F P N R M R J I V T M S K B U
S B D A E T A L F N I E C K T
B M I J U H X E A C O L M H H
S G O Q S U T S E W R E D B E
T C D P C H G A V W K C G T N
X M R S S G Z E E R H T J O T
D A X V H U Q S N W P G R Q I
T S P R O P R I E T Y I D P C
H T Y V W U A J A E L E N A A
F E E L V F D F I W D E H R T
A R G L W E I M M I G R A T E
H T D I F F E R E N T I A T E
L E A F R A I D D D D V D I O U
```

AFRAID   AUTHENTICATE   DIFFERENTIATE
FEEL   FILL   GENTLE
IMMIGRATE   INFLATE   IRON
MASTER   PART   PROPRIETY
SEED   SELECT   SHOW
THEY   THREE   WEATHER
WEST   WIND

```
C  T  N  K  B  F  Y  V  N  J  G  E  Y  S  P
E  C  L  D  P  P  Y  B  C  I  T  X  T  M  M
N  I  Q  B  W  S  S  C  L  A  B  C  I  Q  I
M  V  C  S  M  E  L  L  I  J  E  F  L  Z  X
I  I  A  C  E  R  U  T  A  N  D  N  A  U  K
N  L  N  F  Z  X  O  H  Q  B  Q  J  M  W  S
T  I  A  L  N  G  U  S  Q  D  Q  F  R  K  O
E  T  J  T  E  A  B  A  P  P  R  G  O  G  C
R  Y  Q  N  E  Y  T  I  L  E  D  I  F  N  I
R  E  R  K  M  M  E  A  T  I  C  U  N  L  E
O  O  D  B  A  M  X  V  P  M  T  I  I  Y  T
G  L  N  S  H  A  L  L  A  I  L  Y  A  I  Y
A  P  S  E  C  T  I  O  N  B  B  J  N  L  H
T  E  Z  Y  Z  Q  M  I  K  A  X  X  D  A  W
E  R  I  T  V  W  G  N  B  M  N  I  W  A  P
```

BABY	CIVILITY	INFIDELITY
INFORMALITY	INTERROGATE	MASS
MEAT	METAL	MILK
NATURE	NEGOTIATE	RED
SALT	SECTION	SEXUALITY
SHALL	SMELL	SOCIETY
SPECIAL	TIRE	

```
Q V O S P O N T A N E I T Y L
W S Y J E T A L L I C A V V U
B Y C Y N I I S E D L R H Y K
X R N M E H C C I E G V U R D
A S S T T R O O L F E L D F B
G H O T R E V X D L Z V L X R
E O Q R A G I N C H S J X H J
K R M A T U A M O N G L C V C
Y T I V E R B H Q U E U Z T T
T E A E V G I C W Q F J O H I
I H L L E I L A R E N E G J P
U L C O R T I B Y X D A Z X K
N P D A Y A T C A R T B U S I
N K E N Z T Y T I N G I D W V
A D D O M E S T I C I T Y B H
```

AMONG	ANNUITY	BREVITY
CLAIM	DEAR	DIGNITY
DOMESTICITY	EVER	FLOOR
GENERAL	INCH	PENETRATE
REGURGITATE	SHORT	SPONTANEITY
SUBTRACT	TOOK	TRAVEL
VACILLATE	VIABILITY	

```
D U K W R H P S O X D Q W S B
P Q U L M P D B E U F E Y K Z
E V A P O R A T E A F T E R M
T L T W S J T S R D E A I D F
A N E V A L S M H I R N E P O
D I E C O K R O X G S I H O R
I L G V T I P N M I H M V F I
L P G M G R A R N J E I O E I
A P U S E K I C B E L R T V C
V N D T P F E C S A E C S I W
E F T K S R T N I S N N U E T
R Y R C I Z S O T T X I G C J
P L X T T D I Z O I Y D A E B
Q S Y U Z S Z E H L E M V R K
Z C W J M Q R X K L Z R E T K
```

AFTER	ANXIETY	DRIVE
EDGE	ELECTRICITY	EVAPORATE
FARM	FOREST	GAVE
HIT	HOT	INCRIMINATE
INSINCERITY	OPEN	PRETTY
RECEIVE	REVALIDATE	SEEM
SLAVE	STILL	

```
Y Y T T Q X J G Y J O R B U J
E T A T I S E H W D S A S Q Y
Z Y P T D S U C U P F F G S Q
E G P H D H M D W P F Y L R A
V E L I G I B I L I T Y L T J
M S I A J I T S N P B O L U H
Q E C L R X H W M U C F W V U
Y H A A O U I O O I R M R M T
I T B O N E T N K V D L O H O
G N I K K T V A S E Y O H M M
V M L C O D C O N S I D E R M
L G I B F I P S H I P N L A A
Y P T E V E I L E B C C V E Y
K V Y M E T E L P M O C X Y H
Z W C N Y J B I A K M V L Y U
```

APPLICABILITY	ARM	BELIEVE
BONE	BOTTOM	COMPLETE
CONSIDER	DENSITY	ELIGIBILITY
HELD	HESITATE	HIGH
HOLD	IN	KING
NATURAL	PICK	SHIP
THESE	YES	

E	G	F	I	E	P	F	V	V	I	H	V	D	G	X
F	I	B	G	X	W	I	E	F	J	O	S	C	L	Q
Q	X	H	N	I	B	O	V	Q	P	T	C	D	O	J
R	I	Z	B	J	B	S	W	V	Q	L	K	A	E	K
Z	T	X	B	S	I	N	G	U	L	A	R	I	T	Y
W	K	Q	E	Z	T	Z	W	E	D	L	O	K	N	A
I	N	R	E	Y	R	S	U	F	O	L	L	O	W	T
S	V	M	W	A	A	F	Y	E	K	M	L	O	U	S
E	B	Z	J	F	P	Y	R	N	H	O	S	L	S	R
X	S	D	E	E	T	A	U	T	C	U	L	F	A	A
Q	J	P	M	T	H	S	E	W	T	O	G	O	Z	C
E	Q	O	E	A	E	M	A	C	I	U	P	B	N	M
A	S	P	N	U	I	L	Z	T	P	D	E	A	J	E
R	X	U	H	Q	R	W	I	J	V	U	T	Z	T	B
I	J	F	T	E	T	A	R	G	I	M	E	B	Q	E

AT	CAME	CAR
COLONY	EMIGRATE	EQUATE
FLUCTUATE	FOLLOW	KEY
LONE	LOOK	OBSERVE
OUR	PITCH	SAFE
SINGULARITY	SOME	STAY
SYNCOPATE	THEIR	

```
D G F Y Q E R U S A E M H S K
K E H R U P X Y X T T Y V F R
W C E W Y Z K C A G G D V F G
S T R I N G X N J N I A L I F
O N E N G O I R I H T Y D L I
O Q I G E G I P O R I C H V J
N R D Q I P J T I G D W R E A
U I L R G E P V C C S C Z T P
U C O L D G I A H A E I T A Y
Y Q S O L A L C H B R I N G U
Y Q O U L E G B R Y F F G A Z
I T E I A U F A K J W L P P V
S E T A R E B I L E D S U O F
T Y T I U Q E Q B M W H Y R Z
V G S Y F G S C Q H P F X P N
```

AN	BRING	COLD
DELIBERATE	DRINK	EQUITY
FELL	FRACTION	HAPPEN
MEASURE	ON	ORIGINATE
PROPAGATE	RICH	SOLDIER
SOON	STOOD	STRING
TRIVIALITY	WING	

```
I A A J Z N R H E C I H F K I
E J Z G S A D V T E I U Q V O
E V M S I N C E A F L N X G R
U N E I G H B O R I Z D Q R Y
S O T R E P A P O L V R Z I B
D R A Y B N C O C R U E Y W Z
D P C D D D J W E O B D A V T
O K I L O X N X D V W N W S X
L Q N R E V O G N S I P N B H
U M R E I T E R A T E F P V K
E X O N E R A T E O X T R E R
X S F O R G B A R R A E O G P
V F B R N D L O G E C C D R M
Q V G A K J E C I G T O M Y W
B V W H U J A B Q J I J B N F
```

ABLE	DECORATE	DOES
EXACT	EXONERATE	FIVE
FORNICATE	GOVERN	HUNDRED
ICE	LIFE	MOON
NEIGHBOR	PAPER	QUIET
REITERATE	SINCE	STORE
VERB	WROTE	

```
T C H E I K B A Q T Y X U A Q
I W O Y Z I V Z V G B L R C M
H Z Y L B P N G I S E D Z P B
U Y K A B P O S T U L A T E Y
M D X H N C R S I T U A T E D
A S S G A L O E R N U J N Y R
N N M M P L A N T K U I I E T
I T P L U G F U I C G A C W U
T U E T A I D A R B A N T B T
Y T I V I S U L C X E R O E J
D O Y Y T C Z B M T S F A S I
N O I T I S O P N Y R D I H Z
U N L C O M Q E W J U Q Y W C
O P L A T Z S T W N O B P T V
F C Z F S M L N E X C N O G V
```

CAMP	CHARACTER	COURSE
DESIGN	DRY	EXCLUSIVITY
FACT	FOUND	HALF
HUMANITY	INSINUATE	PLANT
POSITION	POSTULATE	RADIATE
SENTENCE	SITUATE	SOLUTION
SONG	WIFE	

```
F A Y L G R A D P N P J T W B
G Z W X Z F I T O W P E V F A
R I X Y F L I F T M P F N A S
D D N O C E S N Q D I J J P V
H P A O S X T M P H W N X G R
T G M U W I H A B I T U A T E
T C O O Q B Z K G A X U U T T
Y H F L P I Q W C E A R L Y E
V K F Z G L Z Q F T R O C K B
N G I P K I S Q H A E G I O C
K M C O V T E Y E R A E E P U
E W E F R Y A R G E D P V S H
R P K A C L I N B D Y Q A A J
P T E N A L P F N O U Y Q Y T
F H M P V E E R I M A E R T S
```

DOMINATE	EARLY	FIT
FLEXIBILITY	GRAY	HABITUATE
HEART	HOUSE	LIFT
MAN	MODERATE	OFFICE
PLANET	READY	ROCK
SAY	SECOND	SEGREGATE
STREAM	YET	

```
V U B E T A T I P I C E R P K
X F I E T A I L I F F A Q H V
C B O E T A U T A F N I E L L
B B T C P Q U A L I T Y M G Y
Z G X O M O R T A L I T Y O N
B G X N L S V I E N I W Q K T
G A B G T E O H F P O K D N F
U J C R R X R E J A R S E A E
M E H A M Z R A D R M E A P D
R C M T Q T X O T U S V P E O
K U S U I S Y Y W E C K I O S
Y Y T L U C I F F I D A G O F
O S I A E S I O N T W P T U C
V T F T T E R M I N A T E E P
Y Y Y E G Q P R O B L E M L K
```

AFFILIATE	AGO	CONGRATULATE
CUT	DIFFICULTY	EDUCATE
INFATUATE	INFERTILITY	MORTALITY
NOISE	PERPETUATE	PRECIPITATE
PROBLEM	QUALITY	ROW
SEASON	SLEEP	TERMINATE
TOLERATE	WIN	

```
X V I T A L I T Y C I H N L L
U S N I D E T A L U P I N A M
W A Q U D Y U K E U L B R E C
W J V S E E G C V O L T F M N
H U V E R S A T I L I T Y S R
W X I I Z U V V S E V E R A L
T M A I U A L W S H O G S M Z
R N Y T I L U D E R C N I O P
K Z G H R O E P R E H T A R L
R E W B H S O O G S A C O F A
K V C Y Y R Q N G F S V A G N
B A U M Q Z W W A S E E E E N
A W O G A P U I T G Y L Q I T
V G N I G Y B Y H I R O T Q U
U T B N Z X K X O Z G O Q J E
```

ADD	AGGRESSIVELY	BLUE
FELT	FROM	INCREDULITY
MANIPULATE	ORGAN	PLAN
PROVE	RATHER	ROPE
SAW	SEE	SEVERAL
SUIT	TEACH	VERSATILITY
VITALITY	WANT	

A E K Y T Z K P P T U M F R Q
Y R O J I R E V Z E S U I W E
H Y T I L A R U L P N G S G C
A Q T H R O U G H L A E O S T
R N B I A D M V X G G A C T M
Q N F T L O W H X K F U L L G
N J I W T A G O L R E T A W Z
Q S Q I E B R N R S F E B A C
V E O T R P E E X C A N S I R
L N S C N E A S N N S T I C K
X I L R A Q T T W E T I S P P
G L A P T F A Y A E G C H O F
U I J Q E W L R R R M I F B Y
E T K X B M C O M G G T I D D
H Y R V W H B Q Y Q K Y R T N

ALSO	ALTERNATE	AUTENTICITY
CROWD	FAST	FULL
GENERALITY	GREAT	GREEN
HONESTY	IS	MOTION
PLURALITY	SEARCH	SENILITY
STICK	THROUGH	TRY
WARM	WATER	

```
Q U R V C D J S I E S H A Y C
C O N F I S C A T E P L T Z G
D R S R H R H A T A Y I A I N
T K P O J T R A R D L Q O Z E
E X U B S E L G U A L U B L A
M T H N L U A U N P U I J A E
P M O E P R P O P T X D T M H
E W C O A G I E S A M H I I Y
R C P P T T V N R B G D V C X
A N C T C I N O M I N A T E B
T N Y N R V X K F L O N I D R
U U U E T I H W Y I T R R R M
R F D N N I S M I T Z E I D X
E M X I U O D K U Y A Y H T B
Q O N N C O M B C M N Z R J Y
```

ACCELERATE	ADAPTABILITY	BOAT
CONFISCATE	DECIMAL	DERIVE
DREAM	FIGHT	FUNCTIONALITY
LIQUID	MONEY	NINE
NOMINATE	PARAGRAPH	POPULATE
SHOUT	SNOW	SUPERIORITY
TEMPERATURE	WHITE	

A A Q K I E Y Z A H Y N C O K
F G E L G N I S C T H I K Z R
N Y Y T N E L I S I H S E S S
A D O N A T E I R X N T G F T
N H U M I L I T Y X M A N K R
T Y D J C N U O E Y I T A F A
Q B C G S T G G T H Y B H V N
H Z S H S N E I E P B J C U G
A A H U O S N I R R I T A T E
M W N R F R X N E E W T E B U
Y I T S E F D V P R E S S H C
T S Y T I L I B I S S O P M I
U Z A Q I A A X T N X X G I F
T P W Y T I R U C E S N I Q C
H M R E T A C I X O T N I H F

ABBREVIATE	BETWEEN	CHANGE
CHORD	DONATE	HUMILITY
IMPOSSIBILITY	INSECURITY	INTOXICATE
IRRITATE	PATERNITY	PRESS
REGULATE	SILENT	SINGLE
STRANGE	STRONG	SUFFIX
UNIT	WE	

```
G B R Z Y Z J N Q N S T E I P
W E I X C H G T J S W P G M X
W N Y T I L I U Q N A R T O M
B E T A T I P A C E D P D Z B
Q T I Y F Z I V V J K C Z Q V
U A R M U I D E P B W X G K E
I L O E M O N S T R O S I T Y
P U I Y Q I A S S I M R A H E
V C R P N G H B T D T I N Q L
T I P G Z I O A I R C P I O L
A T N E D U T S P N U A W L A
O R A I S E C U U P D M U S V
H A D U V U M N B S Y P E B A
C N F K S R E G N A D I L N H
U P O S S I B L E Z Y V Z S T
```

ARTICULATE	BORN	DANGER
DECAPITATE	DISCUSS	ENUNCIATE
EVENING	HAND	HAPPY
INSTRUMENT	LOW	MISS
MONSTROSITY	POSSIBLE	PRIORITY
PULL	RAISE	STUDENT
TRANQUILITY	VALLEY	

```
D F Y I I U H R B I J F I U E
U E X T E R M I N A T E H M X
E M B I S I Q U S P A O D T L
T A G C C E T A L U C E P S P
G N G Y A W N E T I A W P A R
N A O C G S A O T H T X R U O
R T H G P S W A H Q G D E N L
G E F B E A M H D S I I M I I
V G B D R O P G E C I I E F F
N W T D Y C N A A N D D D O E
C O P P O R T U N I T Y I R R
V F I L J O O A Y C C E T M A
Z E U L K X G U F J N R A I T
D M Z S R N X T H Z A B T T E
N B F A W L I T I G A T E Y U
```

COLUMN	DISHONESTY	DROP
EACH	EIGHT	EMANATE
EXTERMINATE	FAT	GOOD
LIE	LITIGATE	OPPORTUNITY
PLEASE	PREMEDITATE	PROLIFERATE
SPECULATE	TOWARD	UNIFORMITY
WAIT	WHEN	

```
P E G A Q I Q H P L Q A V Y L
Q W W E F Z U P D N A L S I O
M H Q Y G X F H A S M Q Y Y F
E R W P E T A G E R G G A T S
U K L W L N M U N E T P W I M
J E K O B E I O J D D Y L C N
R X O A A V L N M N J C A I Y
F C X F L E I E G O J K I T F
P J Y L L W A A T W A P G S E
K A M T Y Z R E P L Y C A A R
Z G W K S D I I U G K Q S L N
B T T S E H T E T A G E L E D
Z L J N G C Y V E T H G U O B
W Z A D R X A P B U E V A S Y
I J B D S U S R L K R N X Q U
```

AGGREGATE	ALWAYS	BOUGHT
COOL	DELEGATE	ELASTICITY
ENOUGH	EVENT	FAMILIARITY
GARDEN	ISLAND	PARTY
RACE	REPLY	SAVE
SPEAK	SYLLABLE	UP
WONDER	WRITTEN	

E L J E E E W X Y H E B U S Y
M Q B U S U W A G Z E I N S H
X X J J Y X D R E Y Z B I K O
W P Q S N V L X A E P J V E B
N O F W A L C Y P Q Z H E Z U
D L U O H S A H X M U B R S A
N A R V S N O N J X W R S O V
Y R E G N I F K M F N W I P Z
M I B T O F Z E T A L I T U M
G T I V I R G I N I T Y Y S I
R Y D C L M X S G T G C J H S
K M U L L E C H I C K O H L R
O Q I W I N D O W L W N L B W
D A O X M H F R A E H E R V V
T B K W X F C E D I S T Y Z I

BUSY	CHICK	CHILD
FINGER	HEAR	MATCH
MEN	MILLION	MUTILATE
OFF	POLARITY	PUSH
SELL	SHORE	SHOULD
SIDE	TAIL	UNIVERSITY
VIRGINITY	WINDOW	

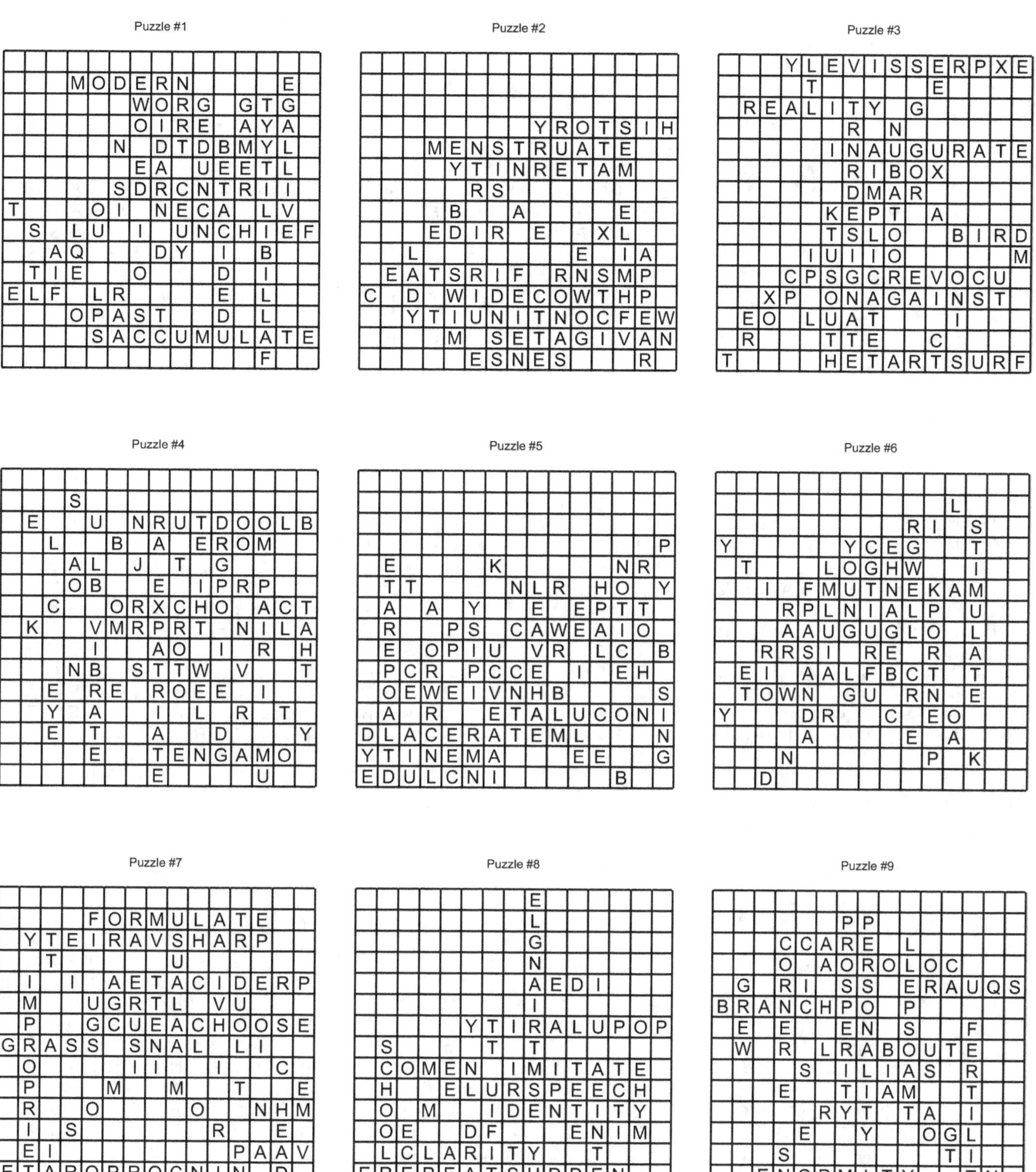

Puzzle #1
Puzzle #2
Puzzle #3
Puzzle #4
Puzzle #5
Puzzle #6
Puzzle #7
Puzzle #8
Puzzle #9

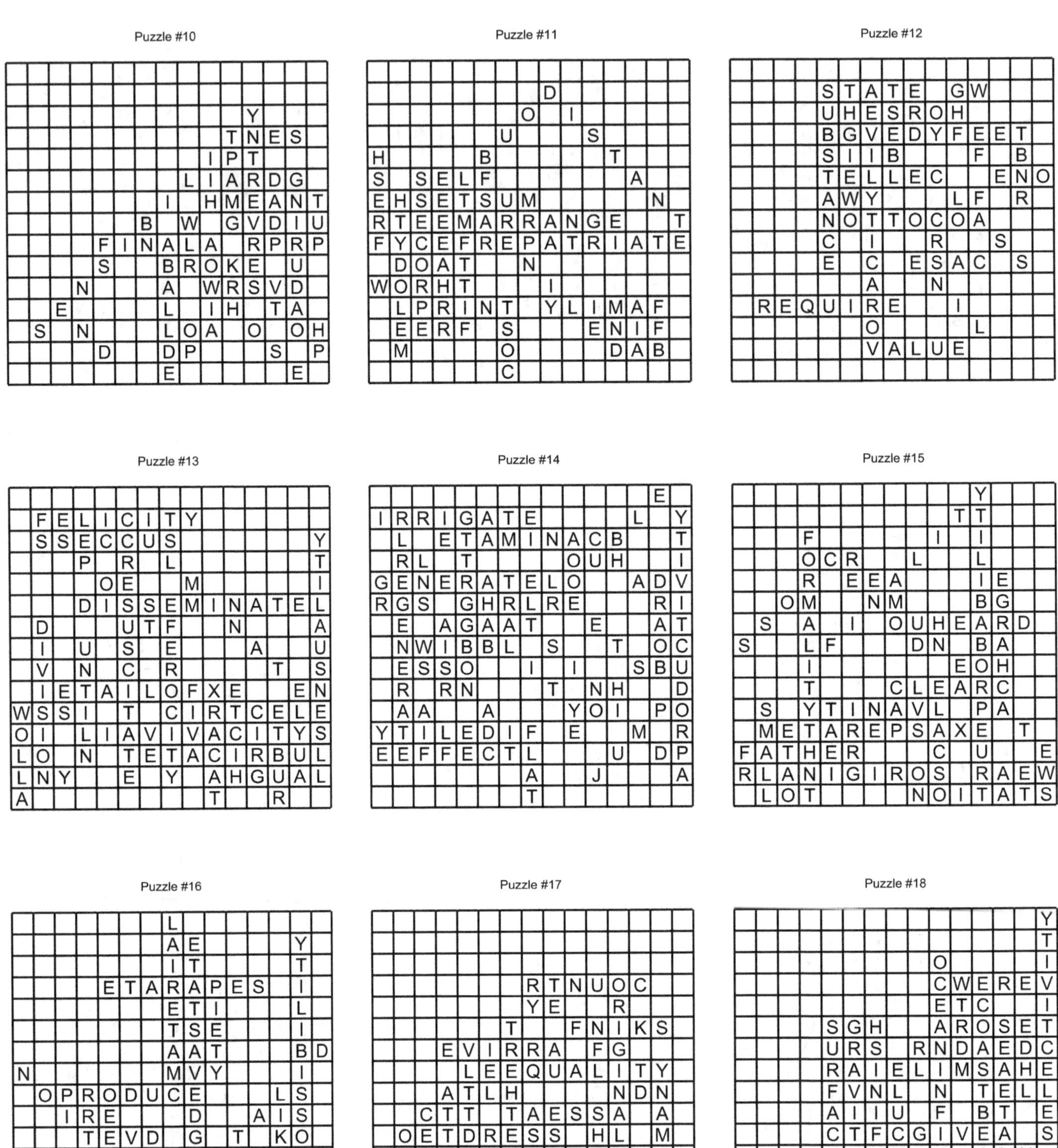

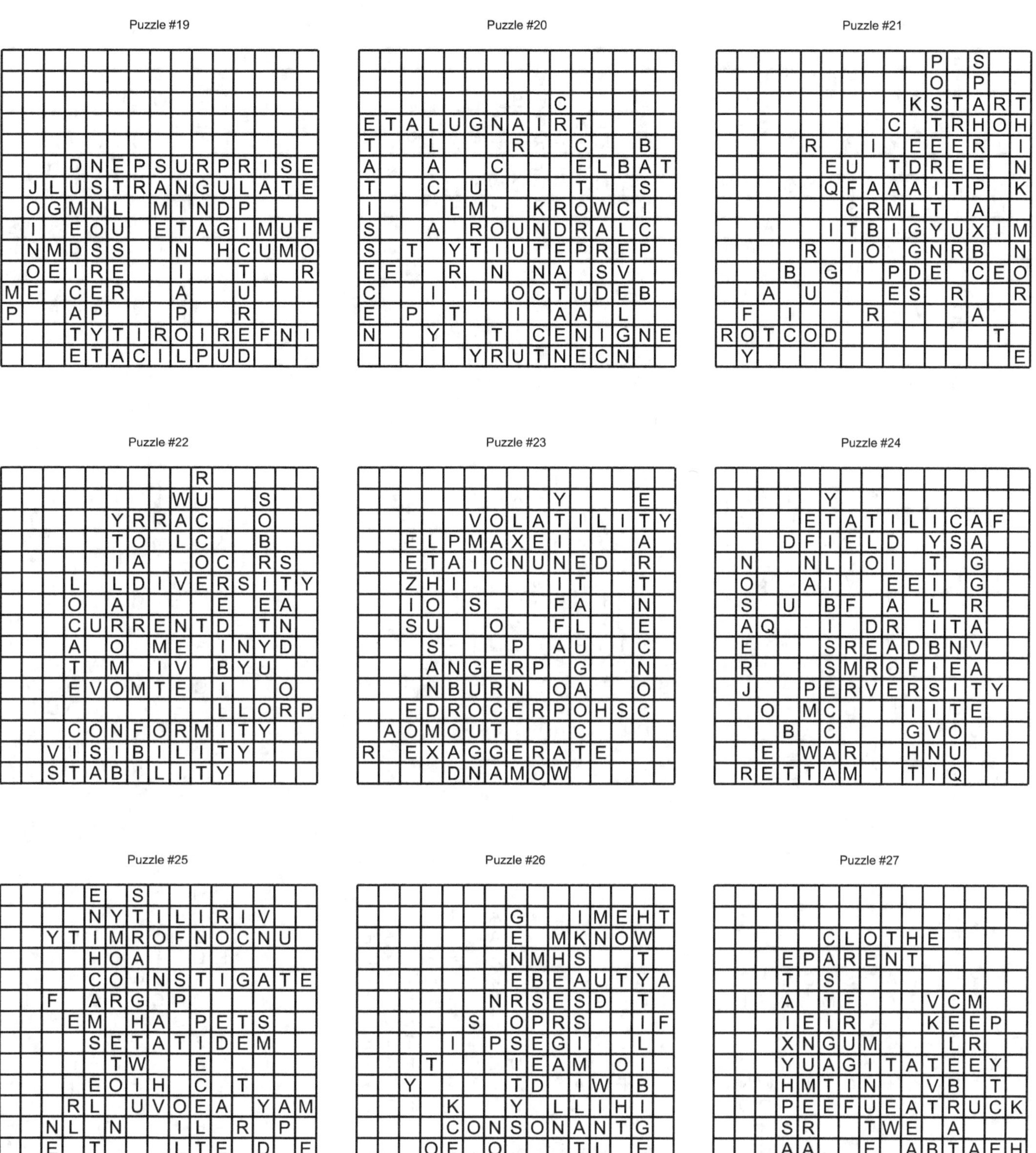

Puzzle #19
Puzzle #20
Puzzle #21
Puzzle #22
Puzzle #23
Puzzle #24
Puzzle #25
Puzzle #26
Puzzle #27

Puzzle #28 | Puzzle #29 | Puzzle #30

Puzzle #31 | Puzzle #32 | Puzzle #33

Puzzle #34 | Puzzle #35 | Puzzle #36

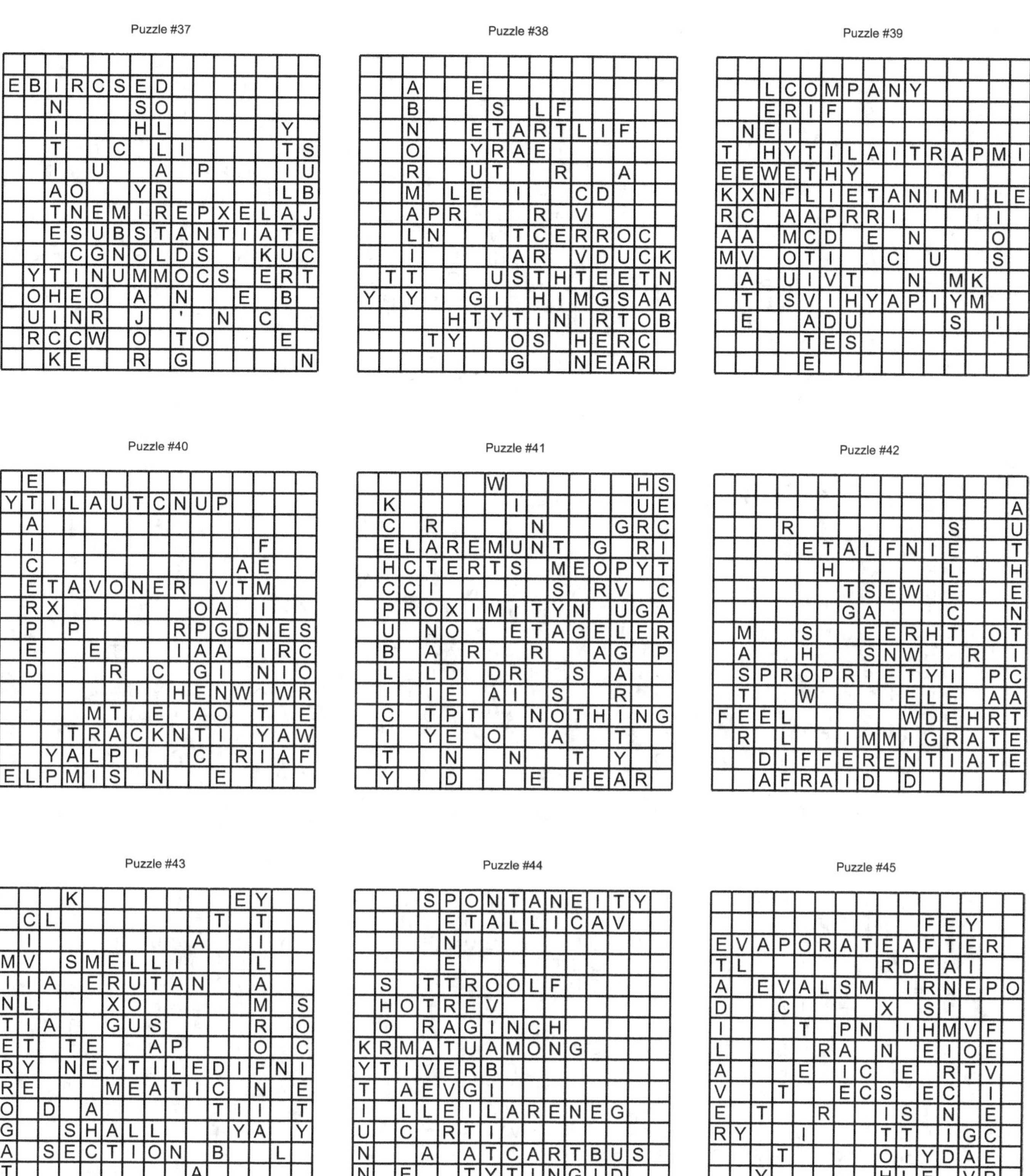

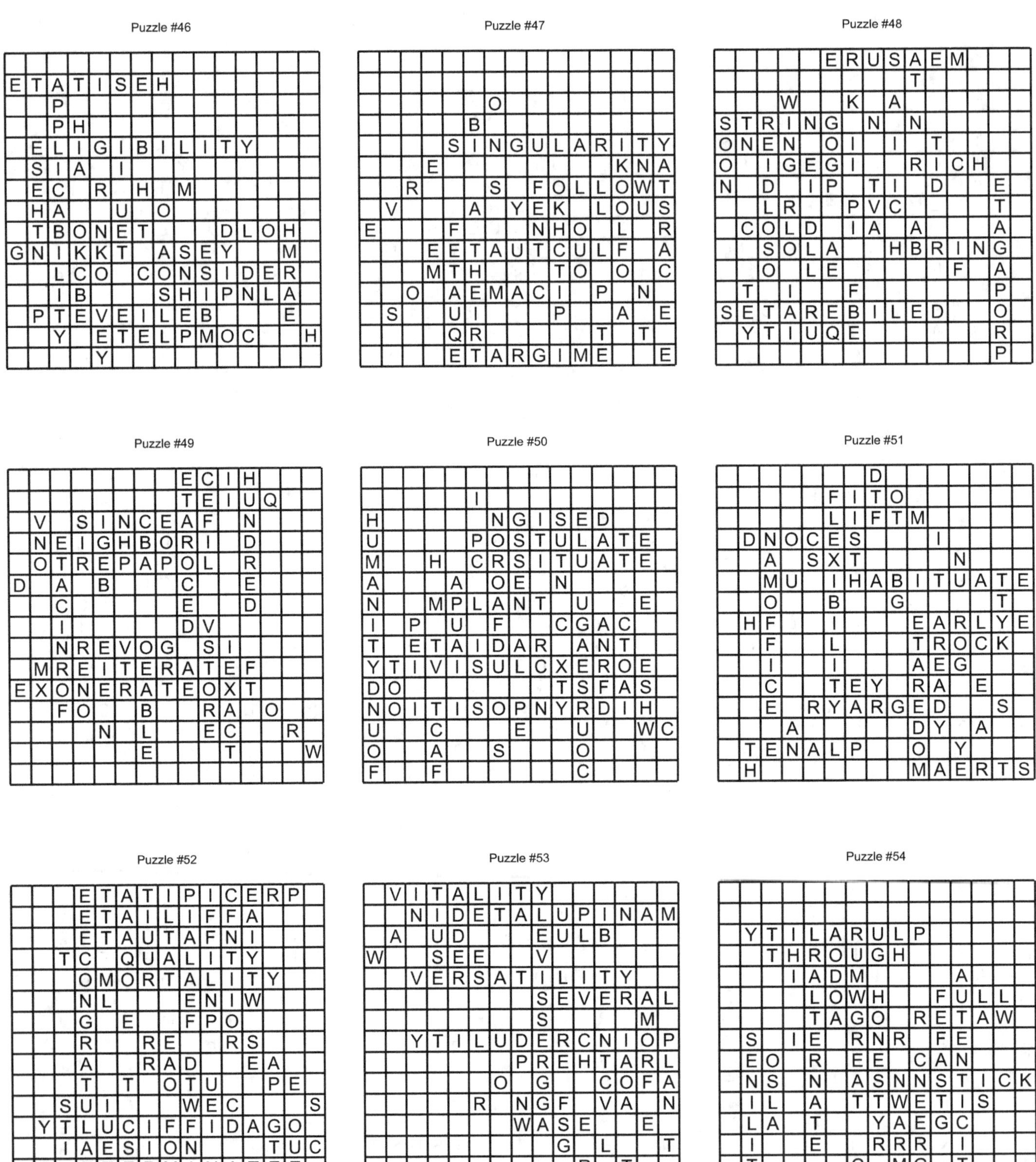

Puzzle #46
Puzzle #47
Puzzle #48
Puzzle #49
Puzzle #50
Puzzle #51
Puzzle #52
Puzzle #53
Puzzle #54

Puzzle #55

Puzzle #56

Puzzle #57

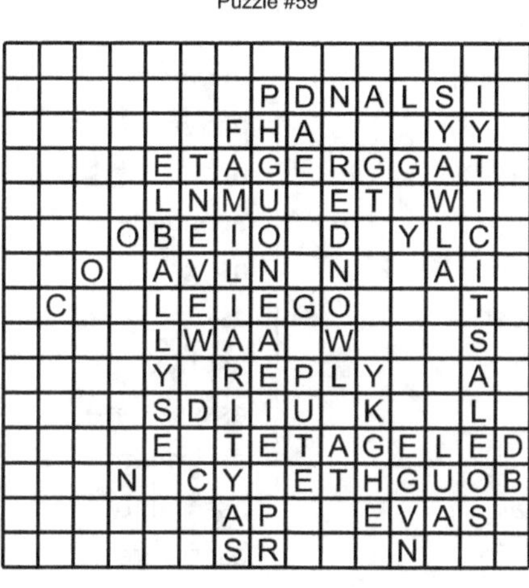

Puzzle #58

Puzzle #59

Puzzle #60

INGLES	ESPAÑOL	INGLES	ESPAÑOL
a	un	an	un
abbreviate	abreviar	anger	cólera
ability	abilidad	animal	animal
able	capaz	animate	animar
abnormality	abnormalidad	animosity	animosidad
about	acerca	annuity	anualidad
above	por encima de	answer	respuesta
accelerate	acelerar	anticipate	anticipar
acceptability	aceptabilidad	anxiety	ansiedad
accessibility	accesibilidad	any	cualquier
accumulate	acumular	appear	aparecerá
act	acto	apple	manzana
activate	activar	applicability	aplicabilidad
activity	actividad	approximate	aproximar
adaptability	adaptabilidad	are	son
add	añadir	area	zona
administrate	administrar	arm	brazo
adversity	adversidad	arrange	organizar
affiliate	afiliar	arrive	llegar
affinity	afinidad	art	arte
afraid	miedo	articulate	articular
after	después	as	como
again	de nuevo	ask	preguntar
against	contra	asphyxiate	asfixiar
age	edad	assassinate	asasinar
aggravate	agravar	assimilate	asimilar
aggregate	agregar	assimilate	asimilar
aggressively	agresividad	associate	asociar
agility	agilidad	at	en
agitate	agitar	atom	átomo
ago	hace	atrocity	atrocidad
agree	acuerdo	autenticity	autenticidad
air	aire	authenticate	autenticar
alienate	alienar	authority	autoridad
all	todo	baby	bebé
allow	permitir	back	espalda
also	también	bad	mal
altercate	altercar	ball	bola
alternate	alternar	band	banda
always	siempre	bank	banco
am	am	bar	barra
ambiguity	anbiguedad	barbarity	barbaridad
amenity	amenidad	base	base de
among	entre	basic	básico
amputate	amputar	bat	bate

INGLES	ESPAÑOL	INGLES	ESPAÑOL
be	ser	brutality	brutalidad
bear	soportar	build	construir
beat	batir	burn	quemar
beauty	belleza	busy	ocupado
bed	cama	but	pero
been	estado	buy	comprar
before	antes	by	por
began	comenzó	calamity	calamidad
begin	comenzar	calculate	calcular
behind	detrás	call	llamada
believe	creer	came	vino
bell	campana	camp	campamento
best	mejor	can	lata
better	mejor	capacity	capacidad
between	entre	capital	de capital
big	grande	captain	capitán
bird	pájaro	car	coche
bit	bit	card	tarjeta
black	negro	care	cuidado
block	bloque	carry	llevar
blood	sangre	case	caso
blow	golpe	castigate	castigar
blue	azul	castrate	castrar
board	bordo	cat	gato
boat	barco	catch	capturas
body	cuerpo	caught	capturado
bone	hueso	cause	causa
book	libro	celebrate	celebrar
born	nacido	celebrity	celebridad
both	ambos	cell	celular
bottom	inferior	cent	ciento
bought	comprado	center	centro
box	caja	century	siglo
boy	niño	certain	cierto
branch	rama	chair	silla
bread	pan	chance	oportunidad
break	rotura	change	cambio
brevity	brevedad	character	carácter
bright	brillante	charge	cobrar
bring	traer	chart	tabla
broad	amplio	check	comprobar
broke	rompió	chick	polluelo
brother	hermano	chief	jefe
brought	traído	child	niño
brown	marrón	children	niños

INGLES	ESPAÑOL	INGLES	ESPAÑOL
choose	elegir	consider	considerar
chord	acorde	consolidate	consolidar
Christianity	cristianidad	consonant	consonante
circle	círculo	contain	contener
circulate	circular	contaminate	contaminar
city	ciudad	continent	continente
city	ciudad	continue	continuar
civility	civilidad	continuity	continuidad
claim	reclamación	control	el control
clarity	claridad	cook	cocinero
class	clase	cool	fresco
clean	limpia	coordinate	coordinar
clear	claro	copy	copia
climb	ascenso	corn	maíz
clock	reloj	corner	esquina
close	Cerrar	correct	correcta
clothe	vestir	corroborate	corroborar
cloud	nube	cost	costo
coagulate	coagular	cotton	algodón
coast	costa	could	podía
coat	abrigo	count	contar
cold	frío	country	país
collaborate	colaborar	course	curso
collect	recoger	cover	cubierta
colony	colonia	cow	vaca
color	colores	crease	pliegue
column	columna	create	crear
come	venir	create	crear
commodity	comodidad	creativity	creatividad
common	común	credibility	credibilidad
communicate	comunicar	crop	de cultivos
community	comunidad	cross	cruzar
company	empresa	crowd	multitud
compare	comparar	cruelty	cruelidad
compensate	compensar	cry	grito
complete	completo	culminate	culminar
complicate	complicar	cultivate	cultivar
concentrate	concentrar	curiosity	curiosidad
condition	condición	current	actual
confiscate	confiscar	cut	cortada
conformity	conformidad	dad	papá
congratulate	congratular	dance	danza
congregate	congregar	danger	peligro
conjugate	conjugar	dark	oscuro
connect	conectar	day	día

INGLES	ESPAÑOL	INGLES	ESPAÑOL
dead	muerto	discriminate	discriminar
deal	acuerdo	discuss	discutir
dear	querido	dishonesty	dishonestidad
death	muerte	dislocate	dislocar
debilitate	debilitar	disparity	disparidad
debility	debilidad	disseminate	diseminar
decapitate	decapitar	distant	distante
decide	decidir	diversity	diversidad
decimal	decimal	divide	brecha
decorate	decorar	divinity	divinidad
dedicate	dedicar	division	división
deep	profunda	do	hacer
deformity	deformidad	doctor	médico
degenerate	degenerar	does	hace
degree	grado	dog	perro
delegate	delegar	dollar	dólar
deliberate	deliberar	domesticate	domesticar
delineate	delinear	domesticity	domesticidad
demonstrate	demostrar	dominate	dominar
denigrate	denigrar	don't	no
density	densidad	donate	donar
denunciate	denunciar	done	hecho
depend	dependerá	door	puerta
depreciate	depreciar	double	doble
derive	derivar	down	abajo
describe	describir	draw	dibujar
desert	desierto	dream	soñar
design	diseño	dress	vestido
designate	designar	drink	bebida
desolate	desolar	drive	unidad
deteriorate	deteriorar	drop	caer
determine	determinar	dry	seco
devastate	devastar	duality	dualidad
develop	desarrollar	duck	pato
dictate	dictar	duplicate	duplicar
dictionary	diccionario	duplicity	duplicidad
did	hizo	durability	durabilidad
die	morir	during	durante
differ	ser distinto	each	cada
differentiate	diferenciar	ear	oído
difficult	difícil	early	temprana
difficulty	difficultidad	earth	tierra
dignity	dignidad	ease	aliviar
dilate	dilatar	east	al este
direct	directa	eat	comer

INGLES	ESPAÑOL	INGLES	ESPAÑOL
edge	borde	exaggerate	exagerar
educate	educar	example	ejemplo
effect	efecto	exasperate	exasperar
egg	huevo	excavate	excavar
eight	ocho	except	excepto
either	ya sea	excite	excitar
elaborate	elaborar	exclusivity	exclusividad
elasticity	elasticidad	exercise	ejercicio
electric	eléctrica	exfoliate	exfoliar
electricity	electricidad	exonerate	exonerar
element	elemento	expatriate	expatriar
eligibility	elegibilidad	expect	esperar
eliminate	eliminar	experience	experiencia
else	demás	experiment	experimento
emanate	emanar	expressively	expresividad
emancipate	emancipar	exterminate	exterminar
emasculate	emascular	extremity	extremidad
emigrate	emigrar	eye	ojo
end	fin	fabricate	fabricar
enemy	enemigo	face	cara
energy	energía	facilitate	facilitar
engine	motor	fact	hecho
enormity	enormidad	fair	justo
enough	suficiente	fall	caer
enter	entrar	fallibility	falibilidad
entity	entidad	familiarity	familiaridad
enumerate	enumerar	family	familia
enunciate	enunciar	famous	famoso
equal	igual	far	ahora
equality	igualdad	farm	granja
equate	equiparar	fascinate	fascinar
equity	equidad	fast	rápido
equivocate	equivocar	fat	grasa
especially	especialmente	fatality	fatalidad
estimate	estimar	father	padre
eternity	eternidad	favor	favorecer
evacuate	evacuar	fear	miedo
evaporate	evaporar	feed	pienso
even	incluso	feel	sentir
evening	noche	feet	pies
event	evento	felicity	felicidad
eventuality	eventualidad	fell	cayó
ever	nunca	felt	sentido
every	cada	femininity	femininidad
exact	exacta	ferocity	ferocidad

INGLES	ESPAÑOL	INGLES	ESPAÑOL
fertility	fertilidad	fresh	fresco
festivity	festividad	friend	amigo
few	pocos	from	desde
fidelity	fidelidad	front	delante
field	campo	frugality	frugalidad
fig	higo	fruit	fruta
fight	lucha	frustrate	frustrar
figure	figura	full	completo
fill	llenar	fumigate	fumigar
filtrate	filtrar	fun	diversión
final	último	functionality	funcionalidad
finality	finalidad	game	juego
find	encontrar	garden	jardín
fine	fina	gas	gas
finger	dedo	gather	reunir
finish	acabado	gave	dio
fire	fuego	general	general
first	primero	generality	gereralidad
fish	peces	generate	generar
fit	encajar	generosity	generosidad
five	cinco	gentle	suave
flat	plana	gesticulate	gesticular
flexibility	flexibilidad	get	conseguir
floor	piso	girl	chica
flow	fluir	give	dar
flower	flor	glad	contento
fluctuate	fluctuar	glass	vidrio
fly	volar	go	ir
follow	siga	gold	oro
food	alimentos	gone	se ha ido
foot	pie	good	buena
for	para	got	conseguido
force	fuerza	govern	gobernar
forest	bosque	graduate	graduar
form	forma	grand	gran
formality	formalidad	grass	hierba
formulate	formular	gravity	gravedad
fornicate	fornicar	gray	gris
forward	adelante	great	gran
found	encontrado	green	verde
four	cuatro	grew	creció
fraction	fracción	ground	suelo
fragility	fragilidad	group	grupo
fraternity	fraternidad	grow	crecer
free	libre	guess	adivinar

INGLES	ESPAÑOL	INGLES	ESPAÑOL
guide	guiar	huge	enorme
gun	pistola	human	humana
habituate	habituar	humanity	humanidad
had	tenido	humiliate	humillar
hair	pelo	humility	humilidad
half	medio	hundred	cien
hand	mano	hunt	caza
happen	suceder	hurry	prisa
happy	feliz	ice	hielo
hard	duro	idea	gusta
has	tiene	identity	identidad
hat	sombrero	if	si
have	tener	illegality	ilegalidad
he	él	illegibility	ilegibilidad
head	cabeza	illuminate	iluminar
hear	escuchar	imagine	imaginar
heard	oído	imitate	imitar
heart	corazón	immensity	inmensidad
heat	calor	immigrate	inmigrar
heavy	pesada	immortality	inmortalidad
held	en espera	immunity	inmunidad
help	ayudar	impartiality	imparcialidad
her	su	implicate	implicar
here	aquí	impossibility	imposibilidad
hesitate	hesitar	impropriety	impropiedad
high	alto	in	en
hilarity	hilaridad	inactivity	inactividad
hill	colina	inaugurate	inaugurar
him	él	incapacity	incapacidad
his	su	inch	pulgadas
history	historia	incinerate	incinerar
hit	golpear	include	incluir
hold	mantenga	incorporate	incorporar
hole	agujero	incredulity	incredulidad
home	casa	incriminate	incriminar
honesty	honestidad	incubate	incubar
hope	esperanza	indicate	indicar
horse	caballo	indicate	indicar
hospitality	hospitalidad	indignity	indignidad
hostility	hostilidad	industry	industria
hot	caliente	infallibility	infalibilidad
hot	caliente	infatuate	infatuar
hour	horas	inferiority	inferioridad
house	casa	infertility	infertilidad
how	cómo	infidelity	infidelidad

INGLES	ESPAÑOL	INGLES	ESPAÑOL
infiltrate	infiltrar	know	saber
infinity	infinidad	lacerate	lacerar
inflate	inflar	lady	dama
informality	informalidad	lake	lago
initiate	iniciar	land	tierra
innovate	innovar	language	idioma
inoculate	inocular	large	grande
insect	insecto	last	último
insecurity	inseguridad	late	tarde
insincerity	insinceridad	laugh	risa
insinuate	insinuar	law	ley
instant	instantánea	lay	sentar
instigate	instigar	lead	conducir
instrument	instrumento	learn	aprender
insulate	insular	least	menos
integrity	integridad	leave	dejar
intensity	intensidad	led	llevado
interest	interés	left	izquierda
interrogate	interrogar	leg	pierna
intimidate	intimidar	legality	legalidad
intoxicate	intoxicar	legibility	legibilidad
intoxicate	intoxicar	length	longitud
invent	inventar	less	menos
investigate	investigar	let	dejar
invisibility	invisibilidad	letter	carta
iron	hierro	level	nivel
irradiate	irradiar	liberate	liberar
irregularity	irregularidad	lie	mentira
irrigate	irrigar	life	vida
irritate	irritar	lift	ascensor
is	es	light	luz
island	isla	like	como
it	lo	line	línea
job	trabajo	liquid	líquido
join	unirse	liquidate	liquidar
joy	alegría	list	lista
jump	saltar	listen	escuchar
just	sólo	litigate	litigar
keep	mantener	little	poco
kept	guardado	live	vivir
key	clave	locality	localidad
kill	matar	locate	localizar
kind	tipo	log	log
king	rey	lone	solitario
knew	sabía	long	largo

INGLES	ESPAÑOL	INGLES	ESPAÑOL
longevity	longevidad	metal	de metal
look	buscar	method	método
lost	perdido	middle	medio
lot	mucho	might	podría
loud	fuerte	mile	milla
love	amar	milk	leche
low	bajo	million	millones
lubricate	lubricar	mind	mente
machine	máquina	mine	mina
made	hecho	minute	minuto
magnanimity	magnanimidad	miss	señorita
magnet	imán	mix	mezclar
main	principal	modality	modalidad
major	importante	moderate	moderar
make	hacer	modern	moderno
malleability	maleabilidad	modernity	modernidad
man	hombre	molecule	molécula
manipulate	manipular	moment	momento
many	muchos	money	dinero
map	mapa	monstrosity	monstruosidad
marginality	marginalidad	month	mes
mark	marca	moon	luna
market	mercado	morality	moralidad
masculinity	masculinidad	more	más
mass	masa	morning	mañana
master	master	mortality	mortalidad
masticate	masticar	most	más
match	partido	mother	madre
material	materiales	motion	movimiento
maternity	maternidad	motivate	motivar
matter	materia	mount	monte
may	puede	mountain	montaña
me	me	mouth	boca
mean	significará	move	movimiento
meant	significado	much	mucho
measure	medir	multiply	multiplicar
meat	carne	municipality	municipalidad
medicate	medicar	music	música
mediocrity	mediocridad	must	debe
meditate	meditar	mutilate	mutilar
meet	se reúnen	my	mi
melody	melodía	name	nombre
men	hombres	narrate	narrar
menstruate	menstruar	nation	nación
mentality	mentalidad	natural	naturales

INGLES	ESPAÑOL	INGLES	ESPAÑOL
nature	naturaleza	only	sólo
navigate	navegar	open	abierta
near	cerca	operate	operar
necessary	necesario	opportunity	oportunidad
necessitate	necesitar	opposite	opuesta
neck	cuello	orchestrate	orquestar
need	necesitará	order	orden
negate	negar	organ	órgano
negotiate	negociar	original	originales
neighbor	vecino	originality	originalidad
never	nunca	originate	originar
new	nuevo	oscillate	oscilar
next	próximo	other	otros
night	noche	our	nuestro
nine	nueve	out	fuera
no	no	over	sobre
noise	ruido	own	propio
nominate	nominar	oxygen	oxígeno
noon	mediodía	oxygenate	oxigenar
nor	ni	page	página
north	norte	paint	pintar
nose	nariz	pair	par
note	nota	palpate	palpar
nothing	nada	paper	papel
notice	aviso	paragraph	párrafo
noun	sustantivo	parent	padre
now	ahora	parity	paridad
number	número	part	parte
numeral	numeral	participate	participar
object	objeto	particular	particular
obligate	obligar	party	partido
observe	observar	pass	pasar
occur	producirse	past	pasado
ocean	océano	paternity	paternidad
of	de	path	camino
off	fuera	pattern	patrón
offer	oferta	pay	pagar
office	oficina	peculiarity	peculiaridad
often	menudo	penetrate	penetrar
oh	oh	people	personas
oil	aceite	perforate	perforar
old	viejo	perhaps	quizás
on	en	period	período
once	una vez	perpetuate	perpetuar
one	uno	perpetuity	perpetuidad

INGLES	ESPAÑOL	INGLES	ESPAÑOL
person	persona	print	print
personality	personalidad	priority	prioridad
perversity	perversidad	probability	probabilidad
phrase	frase	probable	probable
pick	recoger	problem	problema
picture	imagen	process	proceso
piece	pieza	produce	Produce
piety	piedad	product	producto
pitch	pitch	productivity	productividad
place	lugar	profundity	profundidad
plain	llano	prognosticate	pronosticar
plan	plan de	proliferate	proliferar
plane	plano	promiscuity	promiscuidad
planet	planeta	propagate	propagar
plant	planta	proper	adecuada
play	jugar	property	propiedad
please	por favor	propriety	propiedad
plural	plurales	prosperity	prosperidad
plurality	pluralidad	protect	proteger
poem	poema	prove	demostrar
point	punto	provide	proporcionar
polarity	polaridad	proximity	proximidad
poor	pobre	publicity	publicidad
popularity	popularidad	pull	Halar
populate	poblar	punctuality	puntualidad
port	puerto	push	empujar
pose	plantear	put	poner
position	posición	quality	calidad
possibility	posibilidad	question	pregunta
possible	posible	quick	rápido
post	mensaje	quiet	tranquila
posterity	posteridad	quite	bastante
postulate	postular	quotient	cociente
postulate	postular	race	carrera
pound	libra	radiate	radiar
power	potencia	radio	Radio
practice	práctica	rail	ferrocarril
precipitate	precipitar	rain	lluvia
predicate	predicar	raise	aumentar
predominate	predominar	ran	corrió
premeditate	premeditar	range	alcance
prepare	preparar	rather	más bien
present	presente	rationality	racionalidad
press	prensa	reach	llegar
pretty	bastante	read	leer

INGLES	ESPAÑOL	INGLES	ESPAÑOL
ready	listo	row	fila
real	reales	rub	frotar
reality	realidad	rule	regla
reason	razón	run	ejecutar
receive	recibir	safe	seguro
reciprocate	reciprocar	said	dicho
record	registro	sail	vela
recuperate	recuperar	salt	sal
red	rojo	same	misma
refrigerate	refrigerar	sand	arena
regenerate	regenerar	sat	satélite
region	región	saturate	saturar
regularity	regularidad	save	guardar
regulate	regular	saw	sierra
regurgitate	regurgitar	say	decir
rehabilitate	rehabilitar	scale	escala
reiterate	reiterar	school	escuela
relativity	relatividad	science	ciencia
relegate	relegar	score	puntuación
remember	recordar	sea	mar
remunerate	remunerar	search	búsqueda
renovate	renovar	season	temporada
repatriate	repatriar	seat	asiento
repeat	repita	second	segundo
reply	responder	section	sección
represent	representar	security	securidad
require	exigir	see	ver
rest	resto	seed	semilla
result	resultado	seem	parecer
resuscitate	resucitar	segment	segmento
revalidate	revalidar	segregate	segregar
rich	rica	select	seleccionar
ride	paseo	selectivity	selectividad
right	derecho	self	auto
ring	anillo	sell	vender
rise	aumentando	send	enviar
river	río	senility	senilidad
road	carretera	sense	sentido
rock	roca	sensibility	sensibilidad
roll	rollo	sensuality	sensualidad
room	habitación	sent	enviado
root	raíz	sentence	frase
rope	cuerda	separate	separada
rose	rosa	separate	separar
round	ronda	serenity	serenidad

INGLES	ESPAÑOL	INGLES	ESPAÑOL
serve	servir	slave	esclavo
set	conjunto	sleep	sueño
settle	resolver	slip	deslizamiento
seven	siete	slow	lenta
several	varios	small	pequeño
severity	severidad	smell	olor
sexuality	sexualidad	smile	sonrisa
shall	deberá	snow	nieve
shape	forma	so	así
share	cuota	sobriety	sobriedad
sharp	agudo	society	sociedad
she	ella	soft	suave
sheet	hoja	soil	suelo
shell	concha	soldier	soldado
shine	brillo	solidarity	solidaridad
ship	buque	solution	solución
shoe	zapato	solve	resolver
shop	tienda	some	algunos
shore	orilla	son	hijo
short	corto	song	canción
should	debería	soon	pronto
shoulder	hombro	sound	sonar
shout	grito	south	sur
show	show	space	espacio
side	lado	speak	hablar
sight	vista	special	especial
sign	signo	specialty	especialidad
silent	silencio	speculate	especular
silver	plata	speech	discurso
similar	similar	speed	velocidad
simple	sencilla	spell	deletrear
simplicity	simplicidad	spend	pasar
since	desde	spoke	habló
sincerity	sinceridad	spontaneity	espontaneidad
sing	cantar	spot	lugar
single	sola	spread	propagación
singularity	singularidad	spring	primavera
sister	hermana	square	plaza
sit	sentarse	stability	estabilidad
situate	situar	stand	de pie
six	seis	star	estrella
size	tamaño	start	inicio
skill	habilidad	state	estado
skin	piel	station	estación
sky	cielo	stay	quedarse

INGLES	ESPAÑOL	INGLES	ESPAÑOL
stead	lugar	syllable	sílaba
steam	vapor	symbol	símbolo
steel	acero	syncopate	sincopar
step	paso	syndicate	sindicar
sterility	esterilidad	system	sistema
stick	palillo	table	mesa
still	todavía	tail	cola
stimulate	estimular	take	tomar
stone	piedra	talk	charla
stood	destacado	tall	de altura
stop	Deténgase	teach	enseñar
store	tienda	team	equipo
story	historia	teeth	dientes
straight	recta	tell	decir
strange	extraño	temperature	temperatura
strangulate	estrangular	ten	diez
stream	corriente	tenacity	tenacidad
street	calle	term	plazo
stretch	tramo	terminate	terminar
string	cadena	test	prueba
strong	fuerte	than	que
student	estudiante	thank	gracias
study	estudio	that	que
subject	sujeto	the	la
subjectivity	subjetividad	their	su
subordinate	subordinar	them	ellos
substance	sustancia	then	entonces
substantiate	substanciar	there	hay
subtract	restar	these	éstos
success	éxito	they	ellos
such	tal	thick	de espesor
sudden	repentina	thin	delgado
suffix	sufijo	thing	cosa
sugar	azúcar	think	pensar
suggest	sugerir	third	tercero
suit	traje	this	este
summer	verano	those	los
sun	sol	though	aunque
superiority	superioridad	thought	pensado
supply	suministro	thousand	mil
support	apoyo	three	tres
sure	seguro	through	a través de
surface	superficie	throw	lanzar
surprise	sorpresa	thus	por tanto
swim	nadar	tie	empate

INGLES	ESPAÑOL	INGLES	ESPAÑOL
time	tiempo	us	nosotros
tiny	pequeño	use	uso
tire	neumáticos	usual	habitual
together	juntos	vacillate	vacilar
told	dicho	validate	validar
tolerate	tolerar	valley	valle
tonality	tonalidad	value	valor
tone	tono	vanity	vanidad
too	demasiado	variety	variedad
took	tomó	vary	variar
tool	herramienta	vegetate	vegetar
top	cima	velocity	velocidad
total	totales	ventilate	ventilar
totality	totalidad	verb	verbo
touch	tocar	versatility	versatilidad
toward	hacia	very	muy
town	ciudad	viability	viabilidad
track	pista	vibrate	vibrar
trade	comercio	view	vista
train	tren	village	pueblo
tranquility	tranquilidad	vindicate	vindicar
travel	viajes	violate	violar
tree	árbol	virginity	virginidad
triangle	triángulo	virility	virilidad
triangulate	triangular	viscosity	viscosidad
trinity	trinidad	visibility	visabilidad
trip	viaje	visit	visita
triviality	trivialidad	vitality	vitalidad
trouble	problema	vivacity	vivacidad
truck	camión	voice	voz
true	verdadero	volatility	volatilidad
try	tratar	voracity	voracidad
tube	tubo	vowel	vocal
turn	a su vez	vulgarity	vulgaridad
twenty	veinte	wait	espere
two	dos	walk	caminar
type	tipo	wall	pared
unconformity	inconformidad	want	querer
under	bajo	war	guerra
uniformity	uniformidad	warm	caliente
unit	unidad	was	era
unity	unidad	wash	lavado
university	universidad	watch	ver
until	hasta	water	agua
up	hasta	wave	ola

INGLES	ESPAÑOL	INGLES	ESPAÑOL
way	camino	wrong	mal
we	nos	wrote	escribió
wear	desgaste	yard	patio
weather	tiempo	year	años
week	semana	yellow	amarillo
weight	peso	yes	sí
well	así	yet	aún
went	se fue	you	usted
were	eran	young	joven
west	oeste	your	su
what	qué		
wheel	rueda		
when	cuando		
where	donde		
whether	si		
which	que		
while	mientras		
white	blanco		
who	que		
whole	todo		
whose	cuya		
why	por qué		
wide	amplio		
wife	esposa		
wild	salvaje		
will	lo hará		
win	ganar		
wind	viento		
window	ventana		
wing	ala		
winter	invierno		
wire	alambre		
wish	desear		
with	con		
woman	mujer		
women	mujeres		
won't	no lo hará		
wonder	maravilla		
wood	madera		
word	palabra		
work	trabajo		
world	mundo		
would	haría		
write	escribir		
written	escrito		

www.ingramcontent.com/pod-product-compliance
Lightning Source LLC
Chambersburg PA
CBHW081355160726
48000CB00010B/3356